KB127782

중국어로 술술 읽혀지는 재미있는

중국의
옛날이야기

Language Publishing Co.

머리말

어느 나라나 예로부터 전해 내려오는 고유한 이야기들이 있습니다.

특히 중국은 오랜 역사와 문화를 바탕으로 많은 옛날 이야기들이 있는데, 이 책에서는 우리에게도 친숙하고, 대표적인 옛날이야기 10편을 골라 실었습니다. 이 이야기들을 읽으면서 자연스럽게 그 당시 중국의 역사와 문화를 이해하고, 동시에 언어도 학습할 수 있도록 하였습니다.

본문

❶ 큰소리로 읽기　큰소리로 자신있게 읽는 것이 중요합니다. 처음에는 한어병음을 보고 읽지만 익숙해지면 한자만 보면서 여러 번 반복해서 읽으세요.

❷ 번역하기　　먼저 옆에 있는 번역을 보지 않고, 자신이 직접 번역해 보세요. 그리고 나서 책과 비교해 보세요.

❸ 단어 익히기　가급적 많은 단어에 넣으려 애썼지만, 직접 사전을 찾아보면서 다른 뜻도 살펴보고, 예문도 익혀 보세요.

❹ 중국어로 말하기 한국어 번역 부분을 보면서 중국어로 옮겨 보세요. 문장을 익히고, 외우는 데 큰 도움이 될 것입니다.

문장연습

본문에 나온 표현 중 실제 회화에서 자주 쓰이는 표현들을 다양한 예문과 함께 익히도록 하였습니다.

함께 이야기 해 봐요 앞에서 배운 표현들을 사용해서 질문에 대답해 보세요. 본문 이해에 대한 질문입니다.

중국이야기

각 이야기들에 관한 유래와 배경, 중국의 문화나 풍습 등을 소개했습니다.

오디오CD

마치 할머니가 옆에서 옛날이야기를 들려 주는 것과 같이 재미있고, 흥미진진하게 구성하였습니다.

끝으로 이 책이 나오기까지 조언과 격려를 아끼지 않았던 차이나박스 박미경 팀장님과 감수를 해 준 장기, 그리고 책이 나오기까지 애써주신 제이플러스 이기선 실장님과 편집부 식구들에게 감사의 마음을 전합니다.

이영미

2

차례

小猪的礼物

今天是小猴子的生日。
Jīn tiān shì xiǎo hóu zi de shēng rì.

小松鼠、小乌龟、小白兔都来祝贺它。
Xiǎo sōng shǔ, xiǎo wū guī, xiǎo bái tù dōu lái zhù hè tā.

"祝你生日快乐！"
Zhù nǐ shēng rì kuài lè!

小猴子请朋友们一起吃饭。
Xiǎo hóu zi qǐng péng you men yì qǐ chī fàn.

可是，小猴子的好朋友小猪没有来，大家觉
Kě shì, xiǎo hóu zi de hǎo péng you xiǎo zhū méi yǒu lái, dà jiā jué

得很奇怪。
de hěn qí guài.

小松鼠、小乌龟和小白兔走了以后，小猴子
Xiǎo sōng shǔ, xiǎo wū guī hé xiǎo bái tù zǒu le yǐ hòu, xiǎo hóu zi

去找小猪。
qù zhǎo xiǎo zhū.

· 小猪 xiǎozhū 아기 돼지 · 松鼠 sōngshǔ 다람쥐 · 礼物 lǐwù 선물
· 乌龟 wūguī 거북 · 今天 jīntiān 오늘 · 白兔 báitù 토끼 · 猴子 hóuzi 원숭이
· 祝贺 zhùhè 축하하다 · 生日 shēngrì 생일

1. 아기 돼지의 선물

오늘은 꼬마 원숭이의 생일입니다.

다람쥐, 거북이, 토끼 모두 꼬마 원숭이를 축하해 주러 왔습니다.

"생일 축하해!"

꼬마 원숭이는 친구들을 초대하여 함께 밥을 먹었습니다.

하지만 꼬마 원숭이의 친한 친구 아기 돼지가 오지 않아서 모두 이상하게 생각했

습니다.

다람쥐, 거북이, 토끼가 돌아가고 나서 꼬마 원숭이는 아기 돼지를 찾으러 갔습니다.

· 请 qǐng 초대하다, 부탁하다 · 大家 dàjiā 모두 · 觉得 juéde 느끼다, 여기다
· 一起 yìqǐ 함께 · 奇怪 qíguài 이상하다 · 吃饭 chīfàn 밥을 먹다
· 以后 yǐhòu ~이후에 · 可是 kěshì 그러나 · 找 zhǎo 찾다

小猴子看见一只老山羊在山坡上吃草。
Xiǎo hóu zi kàn jiàn yì zhī lǎo shān yáng zài shān pō shang chī cǎo.

"山羊爷爷，您知道我的朋友小猪在哪儿？"
Shān yáng yé ye, nín zhī dao wǒ de péng you xiǎo zhū zài nǎr?

"它到那边的树林里去了。"
Tā dào nà biān de shù lín lǐ qù le.

小猴子走进树林里，树林里一只小鸟在唱
Xiǎo hóu zi zǒu jìn shù lín lǐ, shù lín lǐ yì zhī xiǎo niǎo zài chàng

歌。
gē.

"小鸟，你知道我的朋友小猪在哪儿？"
Xiǎo niǎo, nǐ zhī dao wǒ de péng you xiǎo zhū zài nǎr?

"它到那边的山谷里去了。"
Tā dào nà biān de shān gǔ lǐ qù le.

· 只 zhī 마리(동물을 세는 단위) · 老 lǎo 늙다, 나이가 많다
· 山羊 shānyáng 산양 · 山坡 shānpō 산비탈 · 草 cǎo 풀
· 知道 zhīdao 알다 · 树林 shùlín 숲 · 里 lǐ ~안에

꼬마 원숭이는 늙은 산양 한 마리가 산비탈에서 풀을 뜯어 먹고 있는 것을 보았습니다.

"산양 할아버지, 제 친구 아기 돼지가 어디 있는지 아세요?"

"저쪽 숲 속으로 갔어."

꼬마 원숭이가 숲 속으로 들어가자, 숲 속에는 작은 새 한 마리가 노래를 부르고 있었습니다.

"작은 새야, 내 친구 아기 돼지가 어디 있는지 아니?"

"저쪽 산골짜기로 갔어."

· 走进 zǒujìn 들어가다 · 小鸟 xiǎoniǎo 작은 새 · 唱歌 chànggē 노래부르다
· 哪儿 nǎr 어디 · 山谷 shāngǔ 산골짜기

小猴子走进山谷里，可是没有小猪，
Xiǎo hóu zi zǒu jìn shān gǔ lǐ, kě shì méi yǒu xiǎo zhū,

只有一棵核桃树。
zhǐ yǒu yì kē hé tao shù.

"小猪，你在哪儿？"
Xiǎo zhū, nǐ zài nǎr?

"我在这儿。"
Wǒ zài zhèr.

从核桃树下传来了小猪的声音。
Cóng hé tao shù xià chuán lái le xiǎo zhū de shēng yīn.

小猴子一看，小猪掉进核桃树下的沟里，
Xiǎo hóu zi yí kàn, xiǎo zhū diào jìn hé tao shù xià de gōu lǐ,

上不来了。
shàng bu lái le.

小猴子把长尾巴垂到沟里，小猪抓住了小猴
Xiǎo hóu zi bǎ cháng wěi ba chuí dào gōu lǐ, xiǎo zhū zhuā zhù le xiǎo hóu

子的尾巴。
zi de wěi ba.

小猴子一使劲，小猪上来了。
Xiǎo hóu zi yì shǐ jìn, xiǎo zhū shàng lái le.

· 只有 zhǐyǒu 단지 ~만 있다 · 棵 kē 그루 (나무를 세는 단위)
· 核桃树 hétáoshù 호두나무 · 传来 chuánlái 전해오다
· 声音 shēngyīn 목소리 · 掉进 diàojìn 빠지다 · 沟 gōu 웅덩이

꼬마 원숭이는 산골짜기로 들어갔지만, 아기 돼지는 없고 호두나무 한 그루만 있었습니다.

"아기 돼지야, 어디 있니?"

"나 여기 있어."

호두나무 아래에서 아기 돼지의 목소리가 들렸습니다.

꼬마 원숭이가 보니 아기 돼지가 호두나무 아래 웅덩이에 빠져서 올라오지 못하고 있는 것이었습니다.

꼬마 원숭이가 긴 꼬리를 웅덩이에 늘어뜨리자 아기 돼지는 꼬마 원숭이의 꼬리를 잡았습니다.

꼬마 원숭이가 힘을 주자
아기 돼지가 올라왔습니다.

· 上不来 shàngbulái 올라오지 못하다 · 把 bǎ ～를 · 长 cháng 길다
· 尾巴 wěiba 꼬리 · 垂 chuí 늘어뜨리다 · 抓 zhuā 잡다, 쥐다
· 使劲 shǐjìn 힘을 주다

"对不起，小猴子！我想摘你最喜欢的核桃
Duì bu qǐ, xiǎo hóu zi! Wǒ xiǎng zhāi nǐ zuì xǐ huan de hé tao

送你，可是我从树上掉进沟里了，什么
sòng nǐ, kě shì wǒ cóng shù shang diào jìn gōu lǐ le, shén me

都没有。"
dōu méi yǒu.

"你已经送了我最好的礼物！"
Nǐ yǐ jīng sòng le wǒ zuì hǎo de lǐ wù!

小猴子抱住了小猪。
Xiǎo hóu zi bào zhù le xiǎo zhū.

"没有，我什么礼物也没有。"
Méi yǒu, wǒ shén me lǐ wù yě méi yǒu.

"你真傻！你就是最好的礼物！"
Nǐ zhēn shǎ! Nǐ jiù shì zuì hǎo de lǐ wù!

小猴子爬到核桃树上，摘下很多核桃。
Xiǎo hóu zi pá dào hé tao shù shang, zhāi xià hěn duō hé tao.

小猴子带小猪回家，一起吃了核桃。
Xiǎo hóu zi dài xiǎo zhū huí jiā, yì qǐ chī le hé tao.

· 对不起 duìbuqǐ 미안하다 · 想 xiǎng ～하고 싶다 · 摘 zhāi 따다 · 最 zuì 가장
· 喜欢 xǐhuan 좋아하다 · 送 sòng 주다 · 什么 shénme 무엇 · 也 yě ～도
· 已经 yǐjīng 이미 · 抱住 bàozhù 꼭 껴안다

"미안해, 원숭아! 네가 제일 좋아하는 호두를 따주려고 했는데, 나무에서 웅덩이

로 빠져 버려서 아무것도 없어."

"너는 벌써 나에게 가장 좋은 선물을 줬어."

꼬마 원숭이는 아기 돼지를 꼭 안아 주었습니다.

"아니야, 나는 아무 선물도 없어."

"바보야! 네가 바로 가장 좋은 선물이잖아!"

꼬마 원숭이는 호두나무 위에 올라가 호두를 많이 땄습니다.

그리고 아기 돼지를 집으로 데려가서 함께 호두를 먹었습니다.

· 真 zhēn 분명하다, 확실하다 · 傻 shǎ 바보 · 爬 pá 기어 오르다
· 带 dài 데려가다 · 回家 huíjiā 집으로 돌아가다

1 祝你 축하합니다

축하하거나 기원할 때 사용하는 표현이다.

- 祝你生日快乐！
  Zhù nǐ shēng rì kuài lè!
  생일 축하합니다!

- 祝你新年快乐！
  Zhù nǐ xīn nián kuài lè!
  새해 복 많이 받으세요!

2 请~ ~해 주세요

예의를 갖추어 부탁하거나 상대방을 초청할 때 쓰는 표현이다.

- 请朋友一起吃饭。
  Qǐng péng you yì qǐ chī fàn.
  친구를 식사에 초대하였습니다.

- 请你帮我的忙。
  Qǐng nǐ bāng wǒ de máng.
  저 좀 도와 주세요.

3 觉得 ~라고 느끼다, 생각하다

느낌을 표현할 때 쓰는 표현이다.

- 大家觉得很奇怪。
  Dà jiā jué de hěn qí guài.
  모두 이상하게 생각했습니다.

- 他们觉得老师很漂亮。
  Tā men jué de lǎo shī hěn piào liang.
  그들은 선생님이 매우 예쁘다고 생각했습니다.

4 在哪儿 어디야?

'在 + 장소'는 '～에 있다'는 뜻이다.

- **你在哪儿？**　　너 어디에 있어?
  Nǐ zài nǎr?

- **你的家在哪儿？**　　너의 집은 어디니?
  Nǐ de jiā zài nǎr?

5 到~去了 ~에 갔다

'到 + 장소 + 去(来)'로 '～에 갔다'는 뜻이다.

- **他到树林里去了。**　그는 숲 속으로 갔습니다.
  Tā dào shù lín lǐ qù le.

- **他到学校去了。**　그는 학교에 갔습니다.
  Tā dào xué xiào qù le.

1. 今天是谁的生日？（你的生日几月几号？）

2. 为什么小猴子和他的朋友觉得很奇怪？

3. 山羊爷爷和小鸟说，小猪到哪儿去了？

4. 小猪为什么掉进沟里了？

5. 小猴子对小猪说，"你已经送了我最好的礼物。"
这是什么意思？

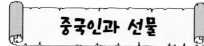

중국인과 선물

중국인은 선물을 중시하는 민족입니다. 그래서 중국에서 선물을 할 때에는 몇 가지 피해야 할 물건들이 있습니다.

먼저 시계를 들 수 있는데, '시계를 선물하다'(送钟 sòngzhōng)는 '임종을 지키다'(送终 sòngzhōng)와 발음이 같아서 받는 사람이 그 뜻을 오해할 수 있어 가장 피하는 선물 중의 하나입니다.

중국어에는 '단칼에 두 동강이 나다'(一刀两断 yìdāoliǎngduàn)라는 표현이 있습니다. 칼이나 가위는 위의 표현처럼 상대방을 위협하는 의미를 가지고 있으므로 선물로는 상당히 기피하는 물건이며, '우산'(雨伞 yǔsǎn)의 '伞'(sǎn)은 '흩어지다'(散 sàn)와 발음이 같아서 우산을 친구에게 선물하면 그 사람과의 우정을 끊는다는 뜻이고, 신혼부부에게 선물하면 금슬 좋은 부부를 갈라 놓는다는 뜻이 되어서 비교적 꺼리는 물건 중의 하나입니다.

2 老虎和青蛙(布依族传说) 🎧04

有一天，老虎下山的时候，听见
Yǒu yì tiān, lǎo hǔ xià shān de shí hou, tīng jiàn

'呱呱'的声音。
guā guā de shēng yīn.

"谁的声音这么大？"
Shéi de shēng yīn zhè me dà?

它一看，发现了一个小东西，
Tā yí kàn, fā xiàn le yí ge xiǎo dōng xi,

原来是一只青蛙。
yuán lái shì yì zhī qīng wā.

"小东西，你干什么发出这么大的声音？"
Xiǎo dōng xi, nǐ gàn shén me fā chū zhè me dà de shēng yīn?

"你不要看不起我，我每天都吃像你这样大
Nǐ bú yào kàn bu qǐ wǒ, wǒ měi tiān dōu chī xiàng nǐ zhè yàng dà

的家伙。"
de jiā huo.

· 老虎 lǎohǔ 호랑이 · 青蛙 qīngwā 개구리 · 布依族 Bùyīzú 포의족
· 传说 chuánshuō 전설, 설화 · 听见 tīngjiàn 듣다
· 呱呱 guāguā 개굴개굴(의성어) · 谁 shéi 누구 · 发现 fāxiàn 발견하다

2. 호랑이와 개구리 (포의족 전설)

어느 날, 호랑이가 산에서 내려오다가 '개굴개굴'하는 소리를 들었습니다.

"누구 목소리가 이렇게 크지?"

호랑이는 작은 녀석 하나를 발견했는데, 알고 보니 개구리였습니다.

"꼬마야, 너 왜 이렇게 큰소리를 내는 거냐?"

"날 무시하지 말아요. 나는 매일 당신만한 놈을 먹는다구요. "

· 东西 dōngxi 물건 · 原来 yuánlái 알고 보니 · 干什么 gànshénme 어째서, 왜
· 发出 fāchū (소리를) 내다 · 不要 búyào ~하지 마라
· 看不起 kànbuqǐ 무시하다 · 每天 měitiān 매일 · 像 xiàng ~같은
· 家伙 jiāhuo 녀석

老虎很生气，
Lǎo hǔ hěn shēng qì,

"小东西，我要教训教训你。"
Xiǎo dōng xi,　wǒ yào jiào xun jiào xun nǐ.

青蛙一点儿也不怕。
Qīng wā yì　diǎnr　yě bú pà.

"虎大哥，你能欺负别的小动物，可是不能
Hǔ dà gē,　nǐ néng qī fu bié de xiǎo dòng wù,　kě shì bù néng

欺负我。"
qī fu wǒ.

"不信，我们比试比试吧！"
Bú xìn,　wǒ men bǐ shì bǐ shì ba!

"好，我们现在比试吧！"
Hǎo,　wǒ men xiàn zài bǐ shì ba!

"如果你输了，我吃你，我败了，你吃我。"
Rú guǒ nǐ shū le,　wǒ chī nǐ,　wǒ bài le,　nǐ chī wǒ.

青蛙心里很怕，'怎么办？'
Qīng wā xīn lǐ hěn pà,　Zěn me bàn?

·很 hěn 매우 ·生气 shēngqì 화나다 ·要 yào ～하려고 하다
·教训 jiàoxun 가르치고 타이르다 ·一点儿也 yìdiǎnryě 조금도 ·怕 pà 무섭다
·能 néng ～할 수 있다 ·欺负 qīfu 괴롭히다 ·别 bié 다른

호랑이는 몹시 화가 났습니다.

"꼬마야, 너 혼 좀 나야겠구나."

개구리는 조금도 무서워하지 않았습니다.

"호랑이 형, 다른 작은 동물은 괴롭힐 수 있어도 나는 안 될 걸요."

"못 믿겠으면, 우리 한 번 겨루어 봐요!"

"좋아, 지금 겨뤄 보자!"

"만약 네가 지면 내가 널 먹고, 내가 지면 네가 나를 먹는 거야."

개구리는 속으로 너무 무서웠습니다. '어떻게 하지?

· 动物 dòngwù 동물 · 信 xìn 믿다 · 比试 bǐshì 겨루다 · 现在 xiànzài 지금
· 如果 rúguǒ 만약 · 输 shū 지다 · 败 bài 지다 · 心理 xīnlǐ 마음 속
· 怎么办 zěnmebàn 어떻게 하지

"今天不行，我早上唱了歌，太累了，明天
Jīn tiān bù xíng,　　wǒ zǎo shang chàng le gē,　tài　lèi　le,　　míng tiān

比赛吧。"
bǐ sài ba.

"好，明天比赛吧。"
Hǎo,　míng tiān bǐ sài ba.

"如果明天你不来，以后你遇见我，我就吃
Rú guǒ míng tiān nǐ bù lái,　　yǐ hòu　nǐ yù jiàn wǒ,　　wǒ jiù chī

你。"
nǐ.

老虎走了，青蛙很担心，可是想不出来好办
Lǎo hǔ zǒu le,　　qīng wā hěn dān xīn,　　kě shì xiǎng bu chū lái hǎo bàn

法。
fǎ.

这时候，有一个种田的爷爷来了，青蛙请爷
Zhè shí hou,　yǒu yí ge zhòng tián de yé ye lái le,　qīng wā qǐng yé

爷帮助自己。
ye bāng zhù zì jǐ.

"你不要怕，明天比赛的时候，你蹲在老虎
Nǐ bú yào pà,　míng tiān bǐ sài de shí hou,　nǐ dūn zài lǎo hǔ

的尾巴上。这样，你就赢了。"
de wěi ba shàng. Zhè yàng,　nǐ jiù yíng le.

· 不行 bùxíng 안된다 · 早上 zǎoshang 아침 · 累 lèi 피곤하다
· 明天 míngtiān 내일 · 比赛 bǐsài 시합, 내기 · 遇见 yùjiàn 만나다
· 担心 dānxīn 걱정하다 · 想不出来 xiǎngbuchūlái 생각이 안 나다

"오늘은 안 되겠어요. 아침에 노래를 불렀더니 너무 피곤해요. 내일 시합해요."

"좋아, 내일 하자."

"만약 내일 안 오면 다음에 만났을 때에는 너를 잡아먹을 거야."

호랑이가 가자 개구리는 걱정이 되었지만 좋은 방법이 생각나지 않았습니다.

이때, 농부 할아버지가 왔습니다. 개구리는 할아버지께 자기를 도와 달라고 부탁

했습니다.

"걱정 마, 내일 시합할 때 호랑이 꼬리에 앉아 있어. 그러면 네가 이길 거야."

· 办法 bànfǎ 방법 · 时候 shíhou ~때 · 种田 zhòngtián 농사짓다
· 帮助 bāngzhù 도와주다 · 自己 zìjǐ 자기, 자신 · 蹲 dūn 쪼그리고 앉다
· 赢 yíng 이기다

第二天，比赛开始了。
Dì' èr tiān,　　bǐ sài kāi shǐ le.

首先，比谁跳得高。
Shǒu xiān,　bǐ shéi tiào de gāo.

青蛙先跳到老虎的尾巴上。
Qīng wā xiān tiào dào lǎo hǔ de wěi ba shàng.

老虎往上一跳，尾巴甩起来了，青蛙用力一
Lǎo hǔ wǎng shàng yí tiào, wěi ba shuǎi qǐ lái le,　　qīng wā yòng lì yí

跳，比老虎跳得高了。
tiào,　　bǐ lǎo hǔ tiào de gāo le.

第二次比谁跳得远。
Dì' èr　cì　bǐ shéi tiào de yuǎn.

青蛙照这个办法，又比老虎跳得远。
Qīng wā zhào zhè ge bàn fǎ,　yòu bǐ lǎo hǔ tiào de yuǎn.

老虎非常害怕，逃跑了。
Lǎo hǔ fēi cháng hài pà,　táo pǎo le.

· 第二天 dì'èrtiān 다음날 · 开始 kāishǐ 시작하다 · 首先 shǒuxiān 먼저
· 跳 tiào 뛰다 · 高 gāo 높다 · 往 wǎng ~를 향해, ~로 · 甩 shuǎi 휘두르다
· 用力 yònglì 힘껏 힘을 내다

다음날, 시합이 시작되었습니다.

우선, 높이뛰기를 했습니다.

개구리는 먼저 호랑이 꼬리 위로 뛰어 올랐습니다.

호랑이가 위로 뛰어 오르자 꼬리가 흔들렸고, 개구리가 힘껏 뛰자 호랑이보다 더 높이 뛰어 올라갔습니다.

두 번째는 멀리뛰기를 했습니다.

개구리는 이런 방법으로 또 호랑이보다 멀리 뛰었습니다.

호랑이는 너무 무서워서 도망갔습니다.

· 第二次 dì'èrcì 두 번째 · 远 yuǎn 멀다 · 照 zhào ～에 따라
· 害怕 hàipà 무섭다 · 逃跑 táopǎo 도망가다

一只狼看见老虎说，
Yì zhī láng kàn jiàn lǎo hǔ shuō,

"虎大哥，你为什么逃跑？"
Hǔ dà gē, nǐ wèi shén me táo pǎo?

"青蛙要吃我。"
Qīng wā yào chī wǒ.

狼听了哈哈大笑。
Láng tīng le hā hā dà xiào.

"不会吧。我跟你一起去，青蛙一定逃跑。"
Bú huì ba. Wǒ gēn nǐ yì qǐ qù, qīng wā yí dìng táo pǎo.

"我害怕，遇到青蛙后，你跑了，我怎么办？"
Wǒ hài pà, yù dào qīng wā hòu, nǐ pǎo le, wǒ zěn me bàn?

"用一根绳子把我们绑在一起，这样谁也不
Yòng yì gēn shéng zi bǎ wǒ men bǎng zài yì qǐ, zhè yàng shéi yě bù

能跑，怎么样？"
néng pǎo, zěn me yàng?

· 狼 láng 늑대 · 为什么 wèishénme 왜
· 哈哈大笑 hāhādàxiào 큰소리로 웃다 · 不会吧 búhuìba 말도 안돼
· 一定 yídìng 반드시 · 遇到 yùdào 만나다 · 根 gēn 개(끈을 세는 단위)

늘대 한 마리가 호랑이를 보고 물었습니다.

"호랑이 형, 왜 도망가요?"

"개구리가 나를 먹으려고 해."

늘대는 큰 소리로 웃었습니다.

"말도 안돼요. 나랑 같이 가면 개구리는 분명 도망갈 거예요."

"나 무서워. 개구리를 보고 네가 도망가면 나는 어떻게 해?"

"끈으로 우리를 묶어요. 그러면 아무도 도망갈 수 없어요. 어때요?"

· 绳子 shéngzi 끈 · 绑 bǎng 묶다

青蛙看见老虎，大声说，
Qīng wā kàn jiàn lǎo hǔ, dà shēng shuō,

"老虎，你输了，我要吃你。
Lǎo hǔ, nǐ shū le, wǒ yào chī nǐ.

等一等，我磨了刀割你的皮。"
Děng yi děng, wǒ mó le dāo gē nǐ de pí.

老虎害怕，逃跑了。
Lǎo hǔ hài pà, táo pǎo le.

狼跑得不快，被老虎拖死了。
Láng pǎo de bú kuài, bèi lǎo hǔ tuō sǐ le.

青蛙不知道那位老爷爷是谁。
Qīng wā bù zhī dào nà wèi lǎo yé ye shì shéi.

为了报答救命之恩，从此，青蛙在田里吃害
Wèi le bào dá jiù mìng zhī' ēn, cóng cǐ, qīng wā zài tián lǐ chī hài

虫。
chóng.

· 大声 dàshēng 큰소리 · 等 děng 기다리다 · 磨刀 módāo 칼을 갈다
· 割皮 gēpí 가죽을 벗기다 · 快 kuài 빨리 · 被 bèi ~에 의하여 · 拖 tuō 끌다
· 死 sǐ 죽다 · 报答 bàodá 보답하다 · 害虫 hàichóng 해충

개구리는 호랑이를 보자 큰 소리로 말했습니다.

"호랑아, 네가 졌으니 너를 먹어야겠다.

기다려, 칼을 갈아 네 가죽부터 벗겨야겠다."

호랑이는 놀라서 도망갔습니다.

늑대는 걸음이 느려서 호랑이한테 끌려가다 죽었습니다.

개구리는 그 할아버지가 누구인지 알 수가 없었습니다.

그래서 생명을 구해준 은혜를 갚기 위하여 이때부터 개구리는 밭에서 해충을 잡

아 먹기 시작했답니다.

· 救命之恩 jiùmìngzhī'ēn 생명을 구해 준 은혜

1　原来是　알고 보니

실제 상황을 알아냈음을 나타낸다.

- 原来是一只青蛙。　알고 보니 개구리 한 마리였습니다.
  Yuán lái shì yì zhī qīng wā.

- 他原来是外国人。　알고 보니 그 사람은 외국인이었습니다.
  Tā yuán lái shì wài guó rén.

2　一点儿也(都)　조금도

주로 부정적인 뜻으로 쓰인다.

- 青蛙一点儿也不怕。
  Qīng wā yì diǎnr yě bú pà.
  개구리는 조금도 무서워하지 않았습니다.

- 这个菜一点儿也不好吃。
  Zhè ge cài yì diǎnr yě bù hǎo chī.
  이 요리는 하나도 맛이 없어요.

3　如果　만약

문장 끝에 的话(dehuà)를 붙이기도 하는데, 생략 가능하다.

- 如果明天你不来，我吃你。
  Rú guǒ míng tiān nǐ bù lái, wǒ chī nǐ.
  만약 내일 오지 않으면 너를 먹을 거야.

- 如果出现问题的话，我怎么办？
  Rú guǒ chū xiàn wèn tí de huà, wǒ zěn me bàn?
  만약 문제가 생기면 나는 어떡해?

4 ～的时候 ~할 때

시점을 나타내는 표현이다.

· **明天比赛**的时候，**你蹲在老虎的尾巴上**。
　Míng tiān bǐ sài de shí hou,　　　nǐ dūn zài lǎo hǔ de wěi ba shang.
　내일 시합할 때 호랑이 꼬리에 앉아 있어.

· **我在中国**的时候，**看过熊猫**。
　Wǒ zài Zhōng guó de shí hou, kàn guo xióng māo.
　중국에 있을 때 판다를 본 적이 있습니다.

5 第(二天) 이튿날

第는 숫자 앞에서 순서를 표시한다.

· **第二天，比赛开始了**。
　Dì'èr tiān,　　bǐ sài kāi shǐ le.
　이튿날 시합이 시작되었습니다.

· **我们班的第一名是他**。
　Wǒ men bān de dì yī míng shì tā.
　우리 반 일등은 재예요.

1. 那个 "呱呱" 的声音是谁发出来的?

2. 老虎和青蛙怎么比试?

3. 青蛙用什么办法赢了老虎?

4. 老虎和狼为什么用一根绳子把自己绑在一起?

5. 青蛙为什么在田里吃害虫?

중국의 소수민족

중국은 모두 56개의 민족으로 이루어져 있습니다. 그 중 한족(汉族 Hànzú) 이 전체 인구의 92%를 차지하고, 나머지 8%는 55개 소수민족으로 이루어져 있습니다. 그 중 21개의 민족은 아직도 자기 민족의 고유 언어를 사용하고 있으며 독립국가(몽고, 카자흐스탄 등)가 별도로 있는 민족도 있고, 만주족처 럼 거의 동화(同化 tónghuà)된 민족도 있습니다.

소수민족의 다수는 운남(云南 Yúnnán), 신장(新疆 Xīnjiāng), 광서(广西 Guǎngxī) 지방에 편중되어 있고, 조선족, 만주족, 몽고족 등이 살고 있는 동 북지방도 대표적인 소수민족 분포 지구입니다. 인구가 백만 명 이상인 소수 민족도 17개나 되어 인구가 가장 많은 민족은 장족(藏族 Zàngzú-약 1,500 만), 만주족(满族 Mǎnzú-약 1,000만), 회족(回族 Huízú-900만) 순입니다.

포의족은 주로 귀주성에 살고 있으며 중국의 2각(角 jiǎo)짜리 지폐에는 한 복을 입은 조선족 여성과 포의족 여성의 초상이 나란히 나옵니다.

3 孟姜女哭长城

秦朝时候，有个善良美丽的女子，
Qín cháo shí hou, yǒu ge shàn liáng měi lì de nǚ zǐ,

名叫孟姜女。
míng jiào Mèng jiāng nǚ.

有一天，她发现在葡萄架下藏了一个男人。
Yǒu yì tiān, tā fā xiàn zài pú táo jià xià cáng le yí ge nán rén.

她吓了一跳，正要叫喊，那个人恳求她说。
Tā xià le yí tiào, zhèng yào jiào hǎn, nà ge rén kěn qiú tā shuō.

"别喊，救救我！我叫范喜良，是逃难来
Bié hǎn, jiù jiù wǒ! Wǒ jiào Fàn xǐ liáng, shì táo nán lái

的。"
de.

当时秦始皇为了造长城，到处抓人做苦工，
Dāng shí Qín shǐ huáng wèi le zào Cháng chéng, dào chù zhuā rén zuò kǔ gōng,

很多人已经死了。
hěn duō rén yǐ jīng sǐ le.

· 孟姜女 Mèngjiāngnǚ 멍지앙뉘 (인명) · 哭 kū 울다
· 长城 Chángchéng 만리장성 · 秦朝 Qíncháo 진나라
· 善良 shànliáng 선량하다, 착하다 · 葡萄架 pútáojià 포도나무의 시렁

3. 멍지앙뉘 이야기

진나라 때 멍지앙뉘라는 착하고 예쁜 여자가 살고 있었습니다.

어느 날 그녀는 포도나무 시렁 아래에 한 남자가 숨어 있는 것을 발견했습니다.

깜짝 놀라서 소리를 지르려고 하자 그 남자는 그녀에게 애원했습니다.

"소리 지르지 마시고, 저를 살려 주세요! 저는 판시량이라는 사람인데

지금 도망치는 중이에요."

당시 진시황은 만리장성을 세우기 위하여 곳곳에서 사람들을 잡아와 일을 시켰

고, 이미 많은 사람들이 죽었습니다.

· 藏 cáng 숨어 있다 · 吓 xià 놀라다 · 叫喊 jiàohǎn 고함을 지르다
· 恳求 kěnqiú 간청하다 · 救 jiù 구하다 · 范喜良 Fànxǐliáng 판시량 (인명)
· 逃难 táonàn 피난하다 · 秦始皇 Qínshǐhuáng 진시황 · 造 zǎo 만들다
· 到处 dàochù 곳곳, 도처에 · 抓 zhuā 잡다

孟姜女救了范喜良之后，对他产生了感情，
Mèng jiāng nǚ jiù le Fàn xǐ liáng zhī hòu, duì tā chǎn shēng le gǎn qíng,

范喜良也喜欢上了孟姜女。
Fàn xǐ liáng yě xǐ huan shàng le Mèng jiāng nǚ.

他们两个人获得了父母的同意后，就结婚了。
Tā men liǎng ge rén huò dé le fù mǔ de tóng yì hòu, jiù jié hūn le.

孟姜女结婚没过几天，范喜良就被抓到长
Mèng jiāng nǚ jié hūn méi guò jǐ tiān, Fàn xǐ liáng jiù bèi zhuā dào Cháng

城去了。
chéng qù le.

范喜良走后，一直没有消息。
Fàn xǐ liáng zǒu hòu, yì zhí méi yǒu xiāo xi.

冬天快到了，孟姜女想北方一定很冷，就为
Dōng tiān kuài dào le, Mèng jiāng nǚ xiǎng běi fāng yí dìng hěn lěng, jiù wèi

丈夫做了棉衣。
zhàng fu zuò le mián yī.

棉衣做好了，孟姜女决定自己送去。
Mián yī zuò hǎo le, Mèng jiāng nǚ jué dìng zì jǐ sòng qù.

· 感情 gǎnqíng 감정 · 获得 huòdé 얻다 · 同意 tóngyì 동의, 동의하다
· 结婚 jiéhūn 결혼하다 · 被 bèi ~에게 당하다 · 一直 yìzhí 줄곧, 계속
· 消息 xiāoxi 소식 · 冬天 dōngtiān 겨울 · 快~了 kuài~le 곧, 머지않아 ~이다

멍지앙뉘는 판시량을 구해준 후 그를 사랑하게 되었고, 판시량도 멍지앙뉘를 좋아하게 되었습니다.

두 사람은 부모님의 허락을 받아서 결혼을 하였습니다.

멍지앙뉘가 결혼한 지 며칠이 지나지도 않아 판시량은 만리장성으로 잡혀갔습니다.

판시량은 잡혀간 후 줄곧 아무 소식도 없었습니다.

겨울이 다가오자 멍지앙뉘는 북쪽이 매우 추울 거라는 생각에 남편의 솜옷을 만들었습니다.

솜옷을 다 만들자 멍지앙뉘는 자신이 직접 옷을 갖다주기로 결심하였습니다.

· 冷 lěng 춥다 · 棉衣 miányī 솜옷 · 决定 juédìng 결정하다

一路上，孟姜女遇到了大大小小的困难，
Yí lù shang, Mèng jiāng nǚ yù dào le dà dà xiǎoxiǎo de kùn nan,

终于来到长城脚下。
zhōng yú lái dào Cháng chéng jiǎo xià.

孟姜女看见民工都在流血流汗地劳动。
Mèng jiāng nǚ kàn jiàn mín gōng dōu zài liú xuè liú hàn de láo dòng.

孟姜女到处找范喜良，但始终找不到他。
Mèng jiāng nǚ dào chù zhǎo Fàn xǐ liáng, dàn shǐ zhōng zhǎo bu dào tā.

最后，她鼓起勇气，向正要上工的民工问。
Zuì hòu, tā gǔ qǐ yǒng qì, xiàng zhèng yào shàng gōng de mín gōng wèn.

"你们这儿有叫范喜良的吗？"
Nǐ men zhèr yǒu jiào Fàn xǐ liáng de ma?

"有，他是新来的。"
Yǒu, tā shì xīn lái de.

· 一路上 yílùshang 도중에 · 困难 kùnnan 어려움 · 终于 zhōngyú 마침내
· 脚下 jiǎoxià 부근, 근처 · 流血流汗 liúxuèliúhàn 피와 땀을 흘리다
· 劳动 láodòng 노동하다 · 始终 shǐzhōng 계속

만리장성으로 가는 도중에 멍지앙뉘는 많은 어려움을 겪었지만 마침내 장성 근처

에 도착하였습니다.

멍지앙뉘는 인부들이 모두 피와 땀을 흘리며 일하는 것을 보았습니다.

멍지앙뉘는 사방으로 판시량을 찾아 다녔지만 그를 찾을 수가 없었습니다.

결국 멍지앙뉘는 용기를 내어 마침 일하러 가던 사람에게 물었습니다.

"여기에 판시량이라는 사람이 있나요?"

"있어요. 새로 온 사람이에요."

· 鼓起勇气 gǔqǐyǒngqì 용기를 내다 · 正要 zhèngyào 마침 ～하려고 하다
· 上工 shànggōng 출근하다 · 民工 míngōng 노동자

孟姜女一听，高兴极了。
Mèng jiāng nǚ yì tīng,　gāo xìng jí　le.

"他在哪儿呢？"
　　Tā zài　nǎr　ne?

"他已经死了。"
　　Tā　yǐ jīng sǐ le.

孟姜女要找范喜良的尸体，可大家都不知道
Mèng jiāng nǚ yào zhǎo Fàn xǐ liáng de shī tǐ,　kě　dà　jiā　dōu bù　zhī dào

在哪儿。
　zài　nǎr.

孟姜女坐在长城脚下，哭了三天三夜。
Mèng jiāng nǚ zuò zài Cháng chéng jiǎo xià, kū le sān tiān sān yè.

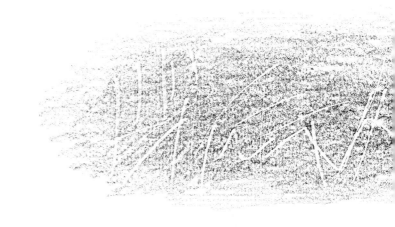

· 极了 jíle 매우, 몹시 · 尸体 shītǐ 시체, 시신
· 三天三夜 sāntiānsānyè 삼일 밤낮

3

멍지앙뉘는 이 말을 듣자 너무 기뻤습니다.

"그 사람 어디 있나요?"

"벌써 죽었어요."

멍지앙뉘는 남편의 시신을 찾으려 했지만 아무도 어디에 있는지 몰랐습니다.

멍지앙뉘는 만리장성 옆에 앉아, 삼일 밤낮을 울었습니다.

有一天，孟姜女正哭着，忽然轰隆一声，
Yǒu yì tiān, Mèng jiāng nǚ zhèng kū zhe, hū rán hōng lōng yì shēng,

长城倒了一大段，范喜良的尸体露了出来。
Cháng chéng dǎo le yí dà duàn, Fàn xǐ liáng de shī tǐ lòu le chū lái.

孟姜女看见死去的丈夫，非常痛苦，
Mèng jiāng nǚ kàn jiàn sǐ qù de zhàng fu, fēi cháng tòng kǔ,

她就从山上跳了下去，摔死在长城下。
tā jiù cóng shān shàng tiào le xià qù, shuāi sǐ zài Cháng chéng xià.

民工们很同情范喜良和孟姜女。
Mín gōng men hěn tóng qíng Fàn xǐ liáng hé Mèng jiāng nǚ.

他们在城下找到了孟姜女的尸体，
Tā men zài chéng xià zhǎo dào le Mèng jiāng nǚ de shī tǐ,

把两个人葬在一起了。
bǎ liǎng ge rén zàng zài yì qǐ le.

· 忽然 hūrán 갑자기 · 轰隆 hōnglōng 쾅(폭음 등의 소리) · 倒 dǎo 무너지다
· 段 duàn 토막(사물의 한 부분) · 露 lòu 드러나다, 나타나다
· 非常 fēicháng 매우 · 痛苦 tòngkǔ 고통스럽다 · 摔死 shuāisǐ 떨어져 죽다

어느 날 멍지앙뉘가 울고 있는데 갑자기 '쾅' 하는 소리가 나더니

만리장성이 무너지면서, 판시량의 시신이 나타났습니다.

멍지앙뉘는 죽은 남편을 보자 너무나 괴로워,

산에서 뛰어 내려 만리장성 아래에 떨어져 죽었습니다.

인부들은 판시량과 멍지앙뉘를 불쌍히 여겼습니다.

그들은 만리장성 아래에서 멍지앙뉘의 시신을 찾아

두 사람을 함께 묻어 주었습니다.

· 同情 tóngqíng 동정하다, 불쌍히 여기다 · 葬 zàng 장사지내다

1 正要~ 마침 ~하려던 참이다

- 她吓了一跳，正要叫喊。
  Tā xià le yí tiào, zhèng yào jiào hǎn.
  그녀는 깜짝 놀라서 소리를 지르려고 하였습니다.

- 我们正要出发。
  Wǒ men zhèng yào chū fā.
  우리는 마침 출발하려던 참입니다.

2 别~ ~하지 마라

不要(búyào)와 같은 뜻으로 금지를 나타낸다.

- "别喊，救救我！"
  Bié hǎn, jiù jiù wǒ!
  소리 지르지 마시고, 저를 좀 살려 주세요!

- "别开玩笑！"   농담하지 마!
  Bié kāi wán xiào!

3 到处 가는 곳곳

- 当时秦始皇为了造长城，到处抓人做苦工。
  Dāng shí Qín shǐ huáng wèi le zào Cháng chéng, dào chù zhuā rén zuò kǔ gōng.
  당시 진시황은 만리장성을 짓기 위해 곳곳에서 사람들을 잡아와 일을 시켰습니다.

- 这几天太累了，身体到处都疼。
  Zhè jǐ tiān tài lèi le, shēn tǐ dào chù dōu téng.
  요 며칠 너무 피곤해서 온 몸이 다 아픕니다.

4 一直~ 계속해서, 줄곧

동작이 장시간 계속되는 것을 나타낸다.

- 范喜良走后，一直没有消息。
  Fàn xǐ liáng zǒu hòu, yì zhí méi yǒu xiāo xi.
  판시량이 떠난 후로 줄곧 소식이 없었습니다.

- 今天，我一直在图书馆学习。
  Jīn tiān, wǒ yì zhí zài tú shū guǎn xué xí.
  오늘 나는 줄곧 도서관에서 공부를 하였습니다.

5 ~极了 매우

동사나 형용사 뒤에서 정도가 심함을 나타낸다.

- 孟姜女一听，高兴极了。
  Mèng jiāng nǚ yì tīng, gāo xìng jí le.
  멍지앙뉘는 그 말을 듣자 매우 기뻤습니다.

- 他的女朋友漂亮极了。
  Tā de nǚ péng you piào liang jí le.
  그의 여자친구는 매우 아름답습니다.

1. 范喜良为什么藏在葡萄架的下面?

2. 秦始皇为什么到处抓人?

3. 孟姜女为什么做棉衣?

4. 孟姜女跟丈夫见面了吗?

5. 孟姜女为什么从山上跳了下去?

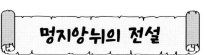
멍지앙뉘의 전설

3

만리장성은 진시황 때 중국 북방을 위협하던 흉노족(匈奴 Xiōngnú)을 방어하기 위해 축조된 것으로 당시 만리장성을 세우기 위하여 많은 백성들이 끌려와 노역을 하였습니다. 때문에 만리장성에는 백성들의 눈물과 피로 얼룩진 많은 이야기들이 전해 내려오고 있습니다.

그 중 가장 유명한 것이 멍지앙뉘 이야기입니다. 만리장성의 동쪽 끝인 산해관에는 아직도 그녀를 기념하기 위한 사원과 그녀를 칭송한 역대 유명작가들의 작품들이 많이 남아 있습니다. 멍지앙뉘 이야기는 전설이기 때문에 전해오는 이야기가 조금씩 달랐는데, 당(唐 táng)나라 때에 이르러 현재 우리가 알고 있는 이야기로 꾸며졌으며, 그 뒤 여인의 한을 담은 각종 희극이나 소설의 소재가 되어 중국인들의 꾸준한 사랑을 받아오고 있습니다.

4 聪明的阿凡提

很久以前，新疆有个非常聪明的人，
Hěn jiǔ yǐ qián, Xīn jiāng yǒu ge fēi cháng cōng míng de rén,

名字叫阿凡提。
míng zi jiào Ā fán tí.

那时候，皇帝很坏，欺压老百姓，
Nà shí hou, huáng dì hěn huài, qī yā lǎo bǎi xìng,

可是老百姓都不敢说皇帝坏。
Kě shì lǎo bǎi xìng dōu bù gǎn shuō huáng dì huài.

因为，谁说了，谁就要被杀头。
Yīn wèi, shéi shuō le, shéi jiù yào bèi shā tóu.

可是，阿凡提不怕。
Kě shì, Ā fán tí bú pà.

他骑了一只小毛驴，到各地说皇帝坏。
Tā qí le yì zhī xiǎo máo lǘ, dào gè dì shuō huáng dì huài.

· 聪明 cōngmíng 똑똑하다, 영리하다 · 阿凡提 Āfántí 아판티 (인명)
· 很久以前 hěnjiǔyǐqián 아주 옛날
· 新疆 Xīnjiāng 신장 (중국의 신장위구르 자치구) · 名字 míngzi 이름

4. 영리한 아판티

아주 먼 옛날 신장에 아판티라는 매우 영리한 사람이 살았습니다.

그 당시 황제가 악독해서 백성들을 괴롭혔지만,

백성들은 감히 황제가 나쁘다고 말하지 못하였습니다.

왜냐하면 누구든지 그런 말을 하면 바로 목을 베었기 때문이었습니다.

그러나 아판티는 무서워하지 않았습니다.

그는 작은 당나귀를 타고, 가는 곳마다 황제가 나쁘다고 말하였습니다.

· 皇帝 huángdì 황제 · 坏 huài 나쁘다, 악하다 · 欺压 qīyā 괴롭히다
· 老百姓 lǎobǎixìng 백성 · 不敢 bùgǎn 감히 ~하지 못하다
· 杀头 shātóu 목을 베다 · 骑 qí (말, 자전거) 타다 · 毛驴 máolǘ 당나귀
· 各地 gèdì 각지

皇帝听了这件事儿，就派人抓来阿凡提。
Huáng dì tīng le zhè jiàn shìr, jiù pài rén zhuā lái Ā fán tí.

皇帝说，
Huáng dì shuō,

"阿凡提，有人说你很聪明，我要考考你。
Ā fán tí, yǒu rén shuō nǐ hěn cōng míng, wǒ yào kǎo kǎo nǐ.

如果你回答不出来我的问题，我就杀了
Rú guǒ nǐ huí dá bù chū lái wǒ de wèn tí, wǒ jiù shā le

你！"
nǐ!

阿凡提听了，说，"皇上，您考吧。"
Ā fán tí tīng le, shuō, Huáng shàng, nín kǎo ba.

皇帝问，"天上有多少星星？"
Huáng dì wèn, Tiān shàng yǒu duō shǎo xīng xing?

阿凡提回答，"天上的星星跟您的胡子一样
Ā fán tí huí dá, Tiān shàng de xīng xing gēn nín de hú zi yí yàng

多。"
duō.

· 件 jiàn 건 (사건을 세는 단위) · 事 shì 일 · 派 pài 파견하다 · 考 kǎo 시험하다
· 皇上 huángshàng 폐하 · 问 wèn 묻다 · 星星 xīngxing 별
· 回答 huídá 대답하다 · 多少 duōshǎo 얼마나

이 일을 들은 황제는 사람을 보내어 아판티를 잡아오도록 했습니다.

"아판티, 사람들이 네가 똑똑하다고 하던데 내가 시험해 보겠다.

 만약 내 질문에 대답하지 못하면 너를 죽이겠다!"

아판티가 말했습니다.

"폐하, 시험하십시오."

"하늘에 별이 몇 개나 있느냐?"

"하늘에 별은 임금님 수염만큼 많습니다."

· 胡子 húzi 수염 · 一样 yíyàng 같다, 동일하다

"那么我的胡子有多少
Nà me wǒ de hú zi yǒu duō shǎo

呢？"
ne?

阿凡提想一想，用手抓
Ā fán tí xiǎng yi xiǎng, yòng shǒu zhuā

起小毛驴的尾巴，说，
qǐ xiǎo máo lú de wěi ba, shuō,

"您的胡子就跟这个尾巴上的毛一样多。
Nín de hú zi jiù gēn zhè ge wěi ba shàng de máo yí yàng duō.

不信，您就数一数。"
Bú xìn, nín jiù shǔ yi shǔ.

"这么多胡子怎么数得请！"
Zhè me duō hú zi zěn me shǔ de qīng!

皇帝很生气，就叫人杀阿凡提。
Huáng dì hěn shēng qì, jiù jiào rén shā Ā fán tí.

可是阿凡提一点儿也不怕，
Kě shì Ā fán tí yì diǎnr yě bú pà,

他还哈哈大笑。
tā hái hā hā dà xiào.

· 那么 nàme 그렇다면, 그럼 · 用 yòng 사용하다 · 手 shǒu 손
· 这么 zhème 이렇게 · 怎么 zěnme 어떻게 · 数 shǔ 세다 · 请 qīng 분명하다
· 叫 jiào ～하도록 시키다 · 杀 shā 죽이다

50 영리한 아판티

"그렇다면 내 수염은 몇 개냐?"

아판티는 한참 생각하더니 손으로 당나귀의 꼬리를 움켜 쥐고 말했습니다.

"폐하의 수염은 이 꼬리의 털만큼 많습니다.

 못 믿으시겠다면 한번 세어 보십시오."

"이렇게 많은 수염을 어떻게 세느냐!"

황제는 화가 나서 아판티를 죽이라고 하였습니다.

그러나 아판티는 조금도 무서워하지 않고 큰 소리로 웃었습니다.

皇帝觉得很奇怪，就问，
Huáng dì jué de hěn qí guài, jiù wèn,

"阿凡提，你快要死了，
Ā fán tí, nǐ kuài yào sǐ le,

为什么还哈哈大笑？"
wèi shén me hái hā hā dà xiào?

阿凡提说，
Ā fán tí shuō,

"我早就知道自己今天要死了，
Wǒ zǎo jiù zhī dao zì jǐ jīn tiān yào sǐ le,

而且我还知道你哪天死。"
ér qiě wǒ hái zhī dao nǐ nǎ tiān sǐ.

皇帝吓了一跳说，"真的？"
Huáng dì xià le yí tiào shuō, Zhēn de?

阿凡提说，"当然是真的。"
Ā fán tí shuō, Dāng rán shì zhēn de.

皇帝急忙地问，"快说，我哪天死？"
Huáng dì jí máng de wèn, Kuài shuō, wǒ nǎ tiān sǐ?

· 早就 zǎojiù 일찍이, 벌써 · 而且 érqiě 게다가 · 哪天 nǎtiān 언제
· 吓了一跳 xiàleyítiào 깜짝 놀라다 · 真的 zhēnde 정말
· 当然 dāngrán 당연히 · 急忙 jímáng 황급히

황제는 이상해서 물었습니다.

"아판티, 너는 곧 죽을 목숨인데 어찌 그렇게 크게 웃느냐?"

"저는 벌써 제가 오늘 죽을 것을 알고 있었습니다.

 뿐만 아니라 저는 임금님이 언제 죽을지도 알고 있습니다."

황제는 깜짝 놀라서 말했습니다. "정말이냐?"

"당연히 정말입니다."

황제는 황급히 물었습니다. "빨리 말해 보아라. 내가 언제 죽느냐?"

阿凡提说，
Ā fán tí shuō,

"您比我晚死一天。我今天死了，您明天就
Nín bǐ wǒ wǎn sǐ yì tiān. Wǒ jīn tiān sǐ le, nín míng tiān jiù

要死了。"
yào sǐ le.

皇帝听了阿凡提的话，大吃一惊，说，
Huáng dì tīng le Ā fán tí de huà, dà chī yì jīng, shuō,

"快把阿凡提放了。阿凡提，你千万不要
Kuài bǎ Ā fán tí fàng le. Ā fán tí, nǐ qiān wàn bú yào

死。如果你能活一万年，那我就可以活
sǐ. Rú guǒ nǐ néng huó yí wàn nián, nà wǒ jiù kě yǐ huó

一万年零一天了。"
yí wàn nián líng yì tiān le.

皇帝给了阿凡提很多金银财宝，
Huáng dì gěi le Ā fán tí hěn duō jīn yín cái bǎo,

阿凡提把这些金银财宝都送给贫穷的
Ā fán tí bǎ zhè xiē jīn yín cái bǎo dōu sòng gěi pín qióng de

老百姓。
lǎo bǎi xìng.

- 比 bǐ ~보다 · 晚 wǎn 늦다 · 大吃一惊 dàchīyìjīng 크게 놀라다
- 放 fàng 놓아주다 · 千万不要 qiānwànbùyào 절대 ~하지 마라
- 活 huó 살다 · 一万 yíwàn 일만 (10,000) · 可以 kěyǐ ~할 수 있다 (가능)

"폐하는 저보다 하루 늦게 죽습니다. 제가 오늘 죽으면 폐하는 내일 죽을
것입니다."

황제는 아판티의 말을 듣고 크게 놀라서 말했습니다.

"빨리 아판티를 풀어 주거라. 아판티, 너 절대 죽으면 안 된다.
만일 네가 만년을 산다면 나는 만년하고도 하루를 더 살 수 있지 않느냐."

황제는 아판티에게 많은 금은보화를 주었습니다.

아판티는 이 금은보화들을 모두 가난한 백성들에게 나누어 주었습니다.

· 零 líng 영 (0) · 金银财宝 jīnyíncáibǎo 금은보화 · 贫穷 pínqióng 가난하다

1 不敢 감히 ~하지 못하다

· 老百姓都不敢说皇帝坏。
Lǎo bǎi xìng dōu bù gǎn shuō huáng dì huài.
백성들은 감히 황제가 나쁘다고 말하지 못하였습니다.

· 我不敢相信自己的眼睛。
Wǒ bú gǎn xiāng xìn zì jǐ de yǎn jing.
나는 내 눈을 믿을 수가 없었습니다.

2 谁~, 谁~ ~누구든

이름을 구체적으로 밝히지 않을 때 사용한다.

· 谁说了, 谁就要被杀头。
Shéi shuō le, shéi jiù yào bèi shā tóu.
말하는 사람은 누구든 목을 베었습니다.

· 谁先登陆, 谁就赢。 먼저 상륙하는 사람이 이깁니다.
Shéi xiān dēng lù, shéi jiù yíng.

3 跟~ 一样多 ~와 똑같이 많다

비교할 경우에 사용한다.

· 天上的星星跟您的胡子一样多。
Tiān shàng de xīng xing gēn nín de hú zi yí yàng duō.
하늘의 별은 당신 수염만큼 많습니다.

· 我的书跟你的书一样多。
Wǒ de shū gēn nǐ de shū yí yàng duō.
내 책은 네 책만큼 많다.

4 快要 ~了  곧 ~하다

가까운 미래를 나타낸다.

· **你快要死了，为什么还哈哈大笑？**
Nǐ kuài yào sǐ le,　　wèi shén me hái hā hā dà xiào?
금방 죽을 놈이 어찌 그렇게 웃느냐?

· **我们就快要毕业了。**
Wǒ men jiù kuài yào bì yè le.
우리는 곧 졸업을 합니다.

5 比~ ~보다 ~하다

比 + (비교대상) + 동사 + 수량

· **你比我晚死一天。**
Nǐ bǐ wǒ wǎn sǐ yì tiān.
당신은 나보다 하루 늦게 죽습니다.

· **我妻子比我小三岁。**
Wǒ qī zǐ bǐ wǒ xiǎo sān suì.
내 아내는 나보다 세 살 어립니다.

1. 老百姓为什么不敢说皇帝坏?

2. 皇帝为什么派人抓来阿凡提?

3. 阿凡提回答说，天上的星星有多少?

4. 阿凡提快要死了，为什么还哈哈大笑?

5. 皇帝为什么给阿凡提很多金银财宝?

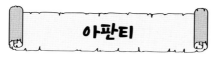

아판티

　　아판티 이야기는 아판티라는 현명한 인물을 주인공으로 재미있는 이야기들을 엮어놓은 책으로, 수 백년 동안 신장 지역에서 전해져 내려왔으며 위구르 민족에게 가장 잘 알려진 이야기입니다.

　　여기서 아판티는 부지런하고 용감하며, 유머 있고 지혜로운 인물로 그려지고 있는데, 작은 당나귀를 타고 여러 곳을 돌아다니면서 통치자의 탐욕을 폭로하고 그들의 무지를 비웃음으로써 백성들에게 통쾌함을 안겨 주었습니다.

　아판티 이야기는 지금까지도 많은 사랑을 받으며 널리 읽히고 있습니다.

5 牛郎和织女

13

很久以前，天庭和人间有一条银河。
Hěn jiǔ yǐ qián, tiān tíng hé rén jiān yǒu yì tiáo yín hé.

银河的东边是天庭，西边是人间。
Yín hé de dōng bian shì tiān tíng, xī bian shì rén jiān.

住在天庭的织女是王母娘娘最小的孙女。
Zhù zài tiān tíng de Zhī nǚ shì Wáng mǔ niáng niang zuì xiǎo de sūn nǚ.

因为她很会织布，所以大家都叫她织女。
Yīn wèi tā hěn huì zhī bù, suǒ yǐ dà jiā dōu jiào tā Zhī nǚ.

牛郎住在人间，他每天到山上放牛，大家都
Niú láng zhù zài rén jiān, tā měi tiān dào shān shàng fàng niú, dà jiā dōu

叫他牛郎。
jiào tā Niú láng.

· 牛郎 Niúláng 견우 · 织女 zhīnǚ 직녀 · 天庭 tiāntíng 하늘나라
· 人间 rénjiān 인간세상 · 条 tiáo 줄기 (강의 양사) · 银河 yínhé 은하수
· 东边 dōngbian 동쪽 · 西边 xībian 서쪽 · 住 zhù 살다

5. 견우와 직녀

아주 먼 옛날, 하늘나라와 인간세상 사이에는 은하수가 있었습니다.

은하수의 동쪽은 하늘, 서쪽은 인간세상이었습니다.

하늘나라에 사는 직녀는 서왕모의 막내손녀였습니다.

베를 잘 짰기 때문에 모두들 그녀를 직녀라고 불렀습니다.

견우는 인간세상에 살았는데,

매일 산에 소를 치러 다녀서 사람들은 그를 견우라고 불렀습니다.

· 王母娘娘 Wángmǔniángniang 서왕모 (전설상의 선녀) · 孙女 sūnnǚ 손녀
· 因为~所以 yīnwèi~suǒyǐ~ ~때문에 그래서 ~이다
· 织布 zhībù 천을 짜다 · 大家 dàjiā 모두 · 放牛 fàngniú 소를 몰다

有一天，牛郎赶着牛进了一片陌生的树林。
Yǒu yì tiān, Niú láng gǎn zhe niú jìn le yí piàn mò shēng de shù lín.

在那儿，牛郎见到织女和六位姐姐一起在河
Zài nàr, Niú láng jiàn dào Zhī nǚ hé liù wèi jiějie yì qǐ zài hé

里洗澡。
lǐ xǐ zǎo.

这时候，老牛突然说话了。
Zhè shí hou, lǎo niú tū rán shuō huà le.

"只要拿走五彩霓裳，找不到衣服的仙女就
Zhǐ yào ná zǒu wǔ cǎi ní shang, zhǎo bu dào yī fu de xiān nǚ jiù

会做你的妻子。"
huì zuò nǐ de qī zi.

牛郎拿了一件五彩霓裳，转身就跑。
Niú láng ná le yí jiàn wǔ cǎi ní shang, zhuǎn shēn jiù pǎo.

仙女们看见牛郎，大吃一惊，
Xiān nǚ men kàn jiàn Niú láng, dà chī yì jīng,

穿上五彩霓裳，一下子飞走了。
chuān shang wǔ cǎi ní shang, yí xià zi fēi zǒu le.

· 赶 gǎn (소를) 몰다 · 牛 niú 소 · 片 piàn 면적 범위를 세는 단위
· 陌生 mòshēng 낯설다 · 树林 shùlín 숲 · 河 hé 강 · 洗澡 xǐzǎo 목욕하다
· 突然 tūrán 갑자기 · 只要~ 就 zhǐyào~ jiù ~하기만 하면

어느 날 견우는 소를 몰다 낯선 숲 속에 들어가게 되었습니다.

그곳에서 견우는 직녀와 여섯 명의 언니들이 강에서 목욕하는 것을 보았습니다.

이때, 늙은 소가 갑자기 말했습니다.

"날개옷을 가져가면 옷이 없는 선녀가 당신의 아내가 될 거예요."

견우는 날개옷 하나를 가지고 도망쳤습니다.

선녀들은 견우를 보고 놀라서 날개옷을 입고 순식간에 하늘로 날아갔습니다.

· 五彩霓裳 wǔcǎiníshang 무지개 빛 치마 (선녀의 날개옷) · 仙女 xiānnǚ 선녀
· 妻子 qīzi 아내 · 转身 zhuǎnshēn 몸을 돌리다
· 一下子 yíxiàzi 한꺼번에, 일시에 · 飞 fēi 날다

织女找不到自己的衣服，忍不住哭了起来。
Zhī nǚ zhǎo bu dào zì jǐ de yī fú, rěn bu zhù kū le qǐ lái.

"请你把衣服还给我。"
Qǐng nǐ bǎ yī fu huán gěi wǒ.

"只要你答应做我的妻子，我就把衣服还给
Zhǐ yào nǐ dā ying zuò wǒ de qī zi, wǒ jiù bǎ yī fu huán gěi

你。"
nǐ.

织女答应了牛郎，牛郎和织女结婚了。
Zhī nǚ dā ying le Niú láng, Niú láng hé Zhī nǚ jié hūn le.

他们生了两个孩子，一家人生活得很幸福。
Tā men shēng le liǎng ge hái zi, yì jiā rén shēng huó de hěn xìng fú.

· 忍不住 rěnbuzhù 참지 못하다 · 答应 dāying 약속하다, 대답하다
· 还 huán 돌려주다 · 生 shēng 아이를 낳다 · 孩子 háizi 아이
· 生活 shēnghuó 생활하다 · 幸福 xìngfú 행복하다

직녀는 옷을 찾지 못하자, 참지 못하고 울음을 터뜨렸습니다.

"제발 제 옷을 돌려 주세요."

"내 아내가 되겠다고 약속하면 옷을 돌려 주리다."

직녀는 약속을 했고 견우와 결혼했습니다.

견우와 직녀는 아이 둘을 낳고 행복하게 살았습니다.

14

有一天，老牛又说话了。
Yǒu yì tiān, lǎo niú yòu shuō huà le.

"主人，我死后，你把我的皮带在身边。
Zhǔ rén, wǒ sǐ hòu, nǐ bǎ wǒ de pí dài zài shēn biān.

发生危难的时候，只要披上我的皮，就会
Fā shēng wēi nàn de shí hou, zhǐ yào pī shàng wǒ de pí, jiù huì

渡过难关了。"
dù guò nán guān le.

后来，王母娘娘知道织女跟牛郎结婚，
Hòu lái, Wáng mǔ niáng niang zhī dao Zhī nǚ gēn Niú láng jié hūn,

她亲自下来，把织女带回了天庭。
tā qīn zì xià lái, bǎ Zhī nǚ dài huí le tiān tíng.

牛郎按照老牛的话，把儿女放在箩筐里，
Niú láng àn zhào lǎo niú de huà, bǎ ér nǚ fàng zài luó kuāng lǐ,

披上牛皮，追上天去。
pī shàng niú pí, zhuī shàng tiān qù.

王母娘娘看到牛郎追来，拔下头上的金簪
Wáng mǔ niáng niang kàn dào Niú láng zhuī lái, bá xià tóu shàng de jīn zān

一挥。
yì huī.

银河变成了波涛汹涌的大海了。
Yín hé biàn chéng le bō tāo xiōng yǒng de dà hǎi le.

· 皮 pí 가죽 · 带 dài (몸에) 지니다 · 身边 shēnbiān 몸 주변
· 发生 fāshēng 발생하다 · 危难 wēinàn 위험과 재난 · 披 pī 걸치다
· 渡过 dùguò 넘기다 · 难关 nānguān 난관, 곤란 · 后来 hòulái 나중에
· 亲自 qīnzì 직접

어느 날 늙은 소가 또 다시 말을 했습니다.

"주인님, 제가 죽고 나면 제 가죽을 몸에 지니고 계세요.

위급한 일이 생겼을 때 제 가죽을 쓰면 위기를 넘길 수 있을 거예요."

얼마 후 서왕모는 직녀가 견우와 결혼한 것을 알고, 직접 내려와서 직녀를 데리고

하늘로 올라갔습니다.

견우는 늙은 소의 말대로 아이들을 광주리에 넣고, 소가죽을 쓰고 하늘로 쫓아갔

습니다.

서왕모는 견우가 쫓아오는 것을 보고, 머리의 금비녀를 뽑아 한 번 휘둘렀습니다.

그러자 은하수가 거센 파도가 휘몰아치는 바다로 변했습니다.

· 按照 ànzhào ~에 따라 · 箩筐 luókuāng 바구니 · 追 zhuī 쫓아가다
· 拔 bá 빼다, 뽑다 · 金簪 jīnzān 금비녀 · 挥 huī 휘두르다
· 变成 biànchéng 변하다 · 波涛汹涌 bōtāoxiōngyǒng 파도가 세차게 몰아치다
· 大海 dàhǎi 넓은 바다

牛郎和织女一个在河东，一个在河西，只能
Niú láng hé Zhī nǚ yí ge zài hé dōng, yí ge zài hé xī, zhǐ néng

相对流泪。
xiàng duì liú lèi.

他们的爱情感动了喜鹊，千万只喜鹊飞来，
Tā men de ài qíng gǎn dòng le xǐ què, qiān wàn zhī xǐ què fēi lái,

搭成鹊桥。
dā chéng què qiáo.

牛郎和织女终于在鹊桥上相会了。
Niú láng hé Zhī nǚ zhōng yú zài què qiáo shàng xiāng huì le.

王母娘娘也无可奈何，只好允许牛郎和织女
Wáng mǔ niáng niang yě wú kě nài hé, Zhǐ hǎo yǔn xǔ Niú láng hé Zhī nǚ

每年的七月初七
měi nián de qī yuè chū qī

在桥上相会一次。
zài qiáo shàng xiāng huì yí cì.

· 相对 xiāngduì 서로 마주보다 · 流泪 liúlèi 눈물을 흘리다
· 爱情 àiqíng 사랑하는 마음 · 感动 gǎndòng 감동하다 · 喜鹊 xǐquè 까치
· 千万 qiānwàn 천만, 수가 많다 · 搭 dā 세우다, 짓다

견우와 직녀는 강 동쪽과 서쪽에서 서로 마주보며 눈물을 흘릴 수밖에 없었습니다.

그들의 사랑은 까치를 감동시켜, 수 천 마리의 까치가 날아와 오작교를 만들었습니다.

견우와 직녀는 마침내 오작교에서 만나게 되었습니다.

서왕모도 어쩔 수 없이, 견우와 직녀가 매년 7월 7일 오작교에서 한 번 만나도록 허락하였습니다.

· 鹊桥 quèqiáo 까치다리 (오작교) · 终于 zhōngyú 마침내, 결국
· 相会 xiānghuì 만나다 · 无可奈何 wúkěnàihé 어쩔 수 없다
· 只好 zhǐhǎo 어쩔 수 없이

1 因为~所以 ~때문에 ~하다

因为 뒤에는 원인이나 이유, 所以 뒤에는 결과가 온다.

· 因为她很会织布，所以大家都叫她"织女"。
Yīn wèi tā hěn huì zhī bù, suǒ yǐ dà jiā dōu jiào tā Zhī nǚ.
베를 잘 짰기 때문에 사람들은 그녀를 직녀라고 불렀습니다.

· 因为身体不好，所以今天不能上课。
Yīn wèi shēn tǐ bù hǎo, suǒ yǐ jīn tiān bù néng shàng kè.
몸이 안 좋아서, 오늘 학교에 못 갔습니다.

2 只要~就 ~하기만 하면 ~이다

· 只要你答应做我的妻子，我就把衣服还给你。
Zhǐ yào nǐ dā ying zuò wǒ de qī zi, wǒ jiù bǎ yī fu huán gěi nǐ.
내 아내가 되겠다고 약속하면 옷을 돌려 줄게요.

· 只要披上我的皮，就会渡过难关了。
Zhǐ yào pī shàng wǒ de pí, jiù huì dù guò nán guān le.
내 가죽을 걸치면 어려움을 이겨낼 수 있어요.

3 一下子 일시에

짧은 시간을 나타낸다.

· 仙女穿五彩霓裳，一下子飞走了。
Xiān nǚ chuān wǔ cǎi ní shang, yí xià zi fēi zǒu le.
선녀들은 날개옷을 입고 일시에 날아갔습니다.

· 天气一下子冷了。
Tiān qì yí xià zi lěng le.
날씨가 갑자기 추워졌습니다.

4 **突然** 갑자기

· 这时候，老牛突然说话了。
Zhè shí hou, lǎo niú tū rán shuō huà le.
이때, 소가 갑자기 말을 하였습니다.

· 他突然喊了一声。
Tā tū rán hǎn le   yì shēng.
그가 갑자기 소리를 질렀습니다.

5 **终于** 마침내

· 牛良和织女终于在鹊桥上相会了。
Niú láng hé Zhī nǚ zhōng yú zài què qiáo shàng xiāng huì le.
견우와 직녀는 마침내 오작교에서 만났습니다.

· 他克服困难，终于获得冠军。
Tā kè fú kùn nán, zhōng yú huò dé guān jūn.
그는 어려움을 극복하고 마침내 일등을 하였습니다.

1. 为什么人们把他们叫"织女"和"牛郎"？

2. 为什么织女一个人哭起来了？

3. 王母娘娘强行把织女带去的时候，牛郎怎么做？

4. 牛郎为什么不能追到织女？

5. 谁帮助牛郎和织女见面？

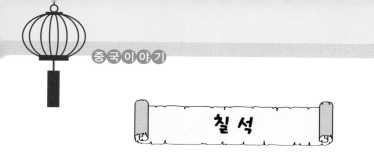
칠석

견우와 직녀가 일 년에 한 번 만나는 날이 바로 7월 7일 칠석입니다. 견우와 직녀 이야기는 기본 줄거리는 같지만 세부적인 내용이 다른 이야기들이 한국과 일본에도 있습니다. 이 이야기는 7월 7일 저녁 은하수를 사이에 두고 동서로 갈라졌던 견우성과 직녀성이 만나는 자연적인 현상에서 생겼다고 합니다. 천문학상의 명칭으로 견우성(牵牛星 Qiānniúxīng)은 독수리 별자리의 알타이어(Altair)별이고, 직녀성(织女星 Zhīnǚxīng)은 거문고 별자리의 베가(Vega)별을 가리키는 것입니다. 원래 이 두 별은 은하수의 동쪽과 서쪽 둑에 위치하고 있는데 태양 황도상의 운행 때문에 가을 초저녁에는 서쪽 하늘에서 보이고, 겨울에는 태양과 함께 낮에 떠 있으며, 봄 초저녁에는 동쪽 하늘에 나타나고 칠석 때면 천장 부근에서 보게 되므로 마치 1년에 한 번씩 만나는 것처럼 보이게 되는 것입니다.

花木兰 🎧16

很久以前，有一个姑娘，名字叫花木兰。
Hěn jiǔ yǐ qián,　yǒu yí ge gū niang,　míng zi jiào Huā mù lán.

木兰的家里有父亲、母亲、姐姐和弟弟。
Mù lán de jiā lǐ yǒu fù qīn,　mǔ qīn,　jiě jie hé dì di.

木兰的父亲以前是将军，后来年纪大了，
Mù lán de fù qīn yǐ qián shì jiāng jūn,　hòu lái nián jì dà le,

在家休养。
zài jiā xiū yǎng.

木兰从小就很聪明、勇敢、勤劳。
Mù lán cóng xiǎo jiù hěn cōng míng, yǒng gǎn, qín láo.

她跟母亲学了织布，还跟父亲练了武艺。
Tā gēn mǔ qīn xué le zhī bù,　hái gēn fù qīn liàn le wǔ yì.

木兰的一家人过得很幸福。
Mù lán de yì jiā rén guò de hěn xìng fú.

· 花木兰 Huāmùlán 화무란 (인명)　· 姑娘 gūniang 아가씨
· 将军 jiāngjūn 장군　· 年纪 niánjì 나이, 연령　· 休养 xiūyǎng 요양하다
· 从 cóng ~부터　· 勇敢 yóggǎn 용감하다　· 勤劳 qínláo 부지런하다

6. 화 무 란

옛날에 화무란이라는 소녀가 살고 있었습니다.

무란의 집에는 아버지, 어머니, 언니 그리고 남동생이 있었습니다.

무란의 아버지는 예전에 장군이었는데 지금은 나이가 많아 집에서 요양하고 있었습니다.

무란은 어렸을 때부터 똑똑하고 용감하며 부지런했습니다.

무란은 어머니에게는 베 짜기를 배우고, 아버지와 함께 무예를 연마했습니다.

무란의 가족은 매우 행복하게 살았습니다.

· 跟 gēn ～와 함께 · 学 xué 배우다 · 练 liàn 훈련하다 · 武艺 wǔyì 무술, 무예
· 过 guò 지내다

有一天，花木兰的姐姐听到木兰叹气。
Yǒu yì tiān, Huā mù lán de jiě jie tīng dào mù lán tàn qì.

"木兰，你为什么在叹气呢？"
Mù lán, nǐ wèi shén me zài tàn qì ne?

"最近在北方有匈奴来犯，马上要打仗了。"
Zuì jìn zài běi fāng yǒu Xiōng nú lái fàn, mǎ shàng yào dǎ zhàng le.

"我也知道，昨天爸爸接到了军帖。"
Wǒ yě zhī dao, zuó tiān bà ba jiē dào le jūn tiě.

"军帖上说，每家都要有一个男人去，可是
Jūn tiě shang shuō, měi jiā dōu yào yǒu yí ge nán rén qù, kě shì

爸爸年纪大了，弟弟年纪又还小，该怎么
bà ba nián jì dà le, dì di nián jì yòu hái xiǎo, gāi zěn me

办？"
bàn?

· 叹气 tànqì 한숨 소리 · 最近 zuìjìn 최근 · 北方 běifāng 북쪽
· 匈奴 Xiōngnú 흉노족 · 犯 fàn (나쁜 일을) 저지르다, 침범하다
· 马上 mǎshàng 곧 · 打仗 dǎzhàng 싸우다 · 昨天 zuótiān 어제

어느 날 무란의 언니는 무란의 한숨 소리를 들었습니다.

"무란아 너 왜 한숨을 쉬고 있니?"

"요즘 북쪽에 흉노족이 쳐들어와서 곧 전쟁이 일어날 거야."

"나도 알아, 어제 아버지도 소집 영장을 받으셨어."

"소집 영장을 보니 집집마다 남자 한 명씩 전쟁에 나가야 한다고 하는데,

아버지는 나이가 많으시고, 동생은 아직 어리니 어떻게 해야 하지?"

· 接到 jiēdào 받다 · 军帖 jūntiě 소집 영장

花木兰 **77**

17

木兰想不出来好办法，最后决定自己
Mù lán xiǎng bu chū lái hǎo bàn fǎ,　　zuì hòu jué dìng zì　jǐ

女扮男装，要代父从军。
nǚ bàn nán zhuāng, yào dài fù cóng jūn.

家人听了木兰的话，都大吃一惊。
Jiā rén tīng le　mù lán de　huà,　　dōu dà chī　yì　jīng.

木兰请父母允许她代替父亲去打仗。
Mù　lán qǐng fù　mǔ yǔn xǔ　tā dài　tì　fù　qīn qù　dǎ zhàng.

木兰说，
Mù　lánshuō,

"爸爸一直说我的武艺比任何男生都强。
Bà　ba　yì　zhí shuō wǒ de wǔ yì bǐ rèn hé nán shēng dōu qiáng.

如果我赢了爸爸，你答应我去打仗。"
Rú guǒ wǒ yíng le　bà　ba,　　nǐ　dā ying wǒ　qù　dǎ zhàng.

· 最后 zuìdòu 결국 · 女扮男装 nǚbànnánzhuāng 남장하다
· 从军 cónjūn 군대에 들어가다 · 允许 yǔnxǔ 허락하다 · 代替 dàitì 대신하다
· 任何 rènhé 어떠한

무란은 좋은 방법이 생각나지 않자, 결국 자신이 남장을 하고 아버지를 대신해서

전쟁에 나가기로 결심했습니다.

가족들은 무란의 말을 듣고 모두 놀랐습니다.

무란은 부모님께 아버지를 대신해서 전쟁에 나가도록 허락해 달라고 부탁했습니다.

"아버지는 항상 제 무술실력이 어떤 남자보다도 좋다고 말씀하셨잖아요.

만약 제가 아버지를 이기면 전쟁에 나가도록 허락해 주세요."

父亲因年老体弱，输了。
Fù qīn yīn nián lǎo tǐ ruò, shū le.

父母见女儿武艺高强，允许她去参战。
Fù mǔ jiàn nǚ' ér wǔ yì gāo qiáng, yǔn xǔ tā qù cān zhàn.

父亲把自己的战袍、盔甲交给了木兰，还
Fù qīn bǎ zì jǐ de zhàn páo, kuī jiǎ jiāo gěi le mù lán, hái

教木兰男人的姿态和将军的风度。
jiāo mù lán nán rén de zī tài hé jiāng jūn de fēng dù.

"只要打败匈奴，我一定立即回家，你们放
Zhǐ yào dǎ bài Xiōng nú, wǒ yí dìng lì jí huí jiā, nǐ men fàng

心。"
xīn.

"自己出门在外要一切小心。"
Zì jǐ chū mén zài wài yào yí qiè xiǎo xīn.

木兰含着眼泪告别家人，跟着队伍出发了。
Mù lán hán zhe yǎn lèi gào bié jiā rén, gēn zhe duì wu chū fā le.

· 因 yīn ~때문에 · 年老体弱 niánlǎotǐruò 나이도 많고 몸도 쇠약하다
· 高强 gāoqiáng (무예가) 뛰어나다 · 战袍 zhànpáo 갑옷 · 盔甲 kuījiǎ 투구
· 教 jiāo 가르치다 · 姿态 zītài 자세, 모습 · 风度 fēngdù 태도, 풍격
· 打败 dǎbài 이기다

아버지는 나이도 많고 몸도 약해진 탓에, 지고 말았습니다.

부모님은 딸의 뛰어난 무술실력을 보고 전쟁에 나가는 것을 허락했습니다.

아버지는 무란에게 자신의 갑옷과 투구를 주고, 남자의 자세와 장군의 태도를 가르쳐 주었습니다.

"흉노족을 물리치면 바로 집으로 돌아올 테니, 걱정하지 마세요."

"집을 떠나 멀리 있을 때는, 모든 것을 조심하거라."

무란은 눈물을 머금은 채 가족과 작별을 하고 부대를 따라 출발했습니다.

· 立即 lìjí 바로, 즉시 · 放心 fàngxīn 안심하다
· 出门 chūmén 집을 떠나 멀리가다 · 一切 yíqiè 모든 · 小心 xiǎoxīn 조심하다
· 含 hán 머금다 · 眼泪 yǎnlèi 눈물 · 告别 gàobié 작별하다
· 跟着 gēnzhe ~와 함께, ~에 따라 · 队伍 duìwu 군대

18

木兰从军以后，跟着队伍参加了许多次战斗。
Mù lán cóng jūn yǐ hòu, gēn zhe duì wu cān jiā le xǔ duō cì zhàn dòu.

木兰在战斗中非常勇敢，
Mù lán zài zhàn dòu zhōng fēi cháng yǒng gǎn,

成为军中最重要的将军。
chéng wéi jūn zhōng zuì zhòng yào de jiāng jūn.

十年之后，战斗结束了，木兰跟着队伍胜利
Shí nián zhī hòu, zhàn dòu jié shù le, mù lán gēn zhe duì wu shèng lì

归来了。
guī lái le.

元帅称赞木兰的智慧勇气，请她跟自己的
Yuán shuài chēng zàn mù lán de zhì huì yǒng qì, qǐng tā gēn zì jǐ de

独生女儿结婚。
dú shēng nǚ' ér jié hūn.

木兰听了大吃一惊，但没有理由拒绝元帅的
Mù lán tīng le dà chī yì jīng, dàn méi yǒu lǐ yóu jù jué yuán shuài de

好意。
hǎo yì.

"我想回家看家人，把这件事情告诉父母。"
Wǒ xiǎng huí jiā kàn jiā rén, bǎ zhè jiàn shì qíng gào su fù mǔ.

· 参加 cānjiā 참가하다 · 许多 xǔduō 많은 · 战斗 zhàndòu 전투
· 结束 jiéshù 끝나다 · 胜利 shènglì 승리하다 · 归来 guīlái 돌아오다
· 元帅 yuánshuài 원수, 총 사령관 · 称赞 chēngzàn 칭찬하다

무란은 군대에 들어간 후 여러 차례 전투에 참가하였습니다.

무란은 전투에서 매우 용감하게 싸워, 군대에서 가장 중요한 장군이 되었습니다.

10년 후, 전쟁이 끝나고, 무란은 승리해서 군대와 함께 돌아왔습니다.

총 사령관은 무란의 지혜와 용기를 칭찬하며 자신의 외동딸과 결혼해 달라고 부

탁하였습니다.

무란은 너무 놀랐지만, 총 사령관의 호의를 거절할 수 있는 이유가 없었습니다.

"집에 돌아가서 부모님을 뵌 후에, 이 일을 말씀 드리겠습니다."

· 智慧 zhìhuì 지혜 · 勇气 yǒngqì 용기 · 独生女儿 dúshēngnǚ'ér 외동딸
· 理由 lǐyóu 이유 · 拒绝 jùjué 거절하다 · 好意 hǎoyì 호의
· 告诉 gàosu 말하다, 알리다

木兰的父母见到
Mù lán de fù mǔ jiàn dào

女儿非常高兴。
nǚ' ér fēi cháng gāo xìng.

弟弟做了很多好吃的
Dì di zuò le hěn duō hǎo chī de

菜接待她，
cài jiē dài tā,

姐姐帮助木兰脱下军
jiě jie bāng zhù mù lán tuō xià jūn

装换上以前穿的衣服。
zhuāng huàn shàng yǐ qián chuān de yī fu.

这样，花将军就变成了漂亮的木兰姑娘。
Zhè yàng, Huā jiāng jūn jiù biàn chéng le piào liang de mù lán gū niang.

不久，元帅来到了木兰的家。
Bù jiǔ, yuán shuài lái dào le mù lán de jiā.

元帅见到木兰的父母称赞花将军英勇善战，
Yuán shuài jiàn dào mù lán de fù mǔ chēng zàn Huā jiāng jūn yīng yǒng shàn zhàn,

他还提到了婚事，要见花将军。
tā hái tí dào le hūn shì, yào jiàn Huā jiāng jūn.

· 高兴 gāoxìng 기뻐하다 · 做 zuò 만들다 · 好吃 hǎochī 맛있다
· 菜 cài 음식, 요리 · 接待 jiēdài 접대하다 · 脱下 tuōxià 벗다
· 军装 jūnzhuāng 군복 · 换上 huànshàng 갈아입다 · 衣服 yīfu 옷

무란의 부모님은 딸을 보자 매우 기뻐했습니다.

남동생은 맛있는 음식을 만들어 누나를 대접했고,

언니는 무란이 군복을 벗고 예전에 입던 옷으로 갈아 입는 것을 도와주었습니다.

그러자, 화장군은 아름다운 무란 아가씨로 변했습니다.

오래지 않아, 총 사령관이 무란의 집에 왔습니다.

총 사령관은 무란의 부모님께 화장군의 용맹성을 칭찬하고,

결혼이야기를 꺼내며 화장군을 보고 싶어했습니다.

· 变成 biànchéng 변하다 · 漂亮 piàoliang 아름답다
· 英勇善战 yīngyǒngshànzhàn 용감하게 잘 싸우다 · 婚事 hūnshì 혼사

这时，身穿女衣的木兰姑娘走了出来。
Zhè shí, shēn chuān nǔ yī de mù lán gū niang zǒu le chū lái.

元帅大吃一惊，
Yuán shuài dà chī yì jīng,

"你真的是花将军吗？"
Nǐ zhēn de shì Huā jiāng jūn ma?

木兰红着脸把自己女扮男装、代父从军的
Mù lán hóng zhe liǎn bǎ zì jǐ nǔ bàn nán zhuāng, dài fù cóng jūn de

事情告诉元帅。
shì qíng gào su yuán shuài.

元帅睁大了眼睛，仔细
Yuán shuài zhēng dà le yǎn jing, zǐ xì

地看看木兰，
de kàn kan mù lán,

"花将军是一位女英雄，
Huā jiāng jūn shì yí wèi nǔ yīng xióng,

让人佩服。"
ràng rén pèi fú.

· 穿 chuān (옷을) 입다 · 女衣 nǔyī 여자 옷 · 红 hóng 빨개지다 · 脸 liǎn 얼굴
· 睁大 zhēngdà (눈을) 크게 뜨다 · 眼睛 yǎnjing 눈 · 仔细 zǐxì 자세하다
· 英雄 yīngxióng 영웅 · 让 ràng ~하게 하다 · 佩服 pèifú 감탄하다

이때, 여자 옷을 입은 무란 아가씨가 걸어 나왔습니다.

총 사령관은 크게 놀랐습니다.

"당신이 정말 화장군이오?"

무란은 얼굴을 붉히며 자신이 남장을 하고 아버지 대신 전쟁에 나간 이야기를 총 사령관에게 말했습니다.

총 사령관은 눈을 크게 뜨고 무란을 자세히 살펴보았습니다.

"화장군은 진정한 여자 영웅이오. 정말 존경하오."

문장연습 🎧20

1 跟 +사람 +동사 ~에게 ~하다

- 她跟母亲学了织布，还跟父亲练了武艺。
  Tā gēn mǔ qīn xué le zhī bù,　hái gēn fù qīn liàn le wǔ yì.
  그녀는 어머니에게 베 짜기를 배우고, 아버지와 함께 무예를 연마했습니다.

- 我已经跟她说了。
  Wǒ yǐ jīng gēn tā shuō le.
  나는 이미 그녀에게 말했습니다.

2 马上 곧, 바로

시간의 신속함을 나타낸다.

- 马上要打仗了。
  Mǎ shàng yào dǎ zhàng le.
  곧 전쟁이 일어날 거예요.

- 演出马上要开始。
  Yǎn chū mǎ shàng yào kāi shǐ.
  공연이 곧 시작될 겁니다.

3 怎么 어떻게

상황·방식 등을 질문할 때 사용한다.

- 我们该怎么办？
  Wǒ men gāi zěn me bàn?
  어떻게 해야 하지?

- 请问，去天安门广场怎么走？
  Qǐng wèn, qù Tiān'ān mén guǎng chǎng zěn me zǒu?
  실례합니다만, 천안문 광장은 어떻게 가야 합니까?

4 把~ 给~ ~에게 ~을 주다

把 + 사물 + 给 + 동작의 대상

· **父亲把自己的战袍、盔甲给了木兰。**
Fù qīn bǎ zì jǐ de zhàn páo, kuī jiǎ gěi le mù lán.
아버지는 자신의 갑옷과 투구를 무란에게 주었습니다.

· **爸爸妈妈把礼物给了孩子。**
Bà ba mā ma bǎ lǐ wù gěi le hái zi.
아빠 엄마는 아이에게 선물을 주었습니다.

5 동사 + 着 ~하면서, ~한 채

동작의 진행을 나타낸다.

· **木兰含着眼泪告别了家人。**
Mù lán hán zhe yǎn lèi gào bié le jiā rén.
무란은 눈물을 머금은 채 가족들과 작별을 하였습니다.

· **她红着脸把那些事情告诉了朋友。**
Tā hóng zhe liǎn bǎ nà xiē shì qíng gào su le péng you.
그녀는 얼굴을 붉히며 그 일들을 친구들에게 말하였습니다.

1. 木兰的家有几口人?

2. 为什么木兰叹气?

3. 木兰的父母为什么允许女儿代父从军?

4. 元师对木兰提出什么要求?

5. 为什么元师看到木兰大吃一惊?

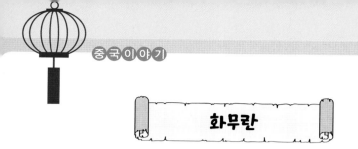

화무란

화무란은 월트디즈니사의 36번째 작품『뮬란(Mulan)』에 등장하는 여주인 공으로 우리에게도 잘 알려져 있는 이름입니다. 화무란에 관한 이야기는 천여 년 동안 중국인들의 입을 통해 널리 전해져 왔지만, 정작 그녀의 성씨와 고향, 출생연대 등에 대해서는 여러가지 의견이 분분합니다.

오늘날까지 전해오고 있는 화무란에 관한 이야기는 대체로 〈무란시(木兰诗 Mùlánshī)〉라는 민가를 바탕으로 하고 있으며, 중국문학사에서 남방지역을 대표하는 장편 서사시 〈공작동남비(孔雀东南飞 Kǒngquèdōngnánfēi)〉와 더불어 쌍벽을 이루는 북방지역의 대표적인 장편 서사시입니다.

7 河伯娶妻

21

战国时代，一个叫西门豹的官员被派到一个
Zhàn guó shí dài, yí ge jiào Xī mén bào de guān yuán bèi pài dào yí ge

贫穷的县。
pín qióng de xiàn.

西门豹为了管理好地方，经常到各地巡视。
Xī mén bào wèi le guǎn lǐ hǎo dì fāng, jīng cháng dào gè dì xún shì.

不久，他发现那里有个不好的习俗。
Bù jiǔ, tā fā xiàn nà li yǒu ge bù hǎo de xí sú.

当时，因为水利设施还不够完善，所以每年
Dāng shí, yīn wèi shuǐ lì shè shī hái bú gòu wán shàn, suǒ yǐ měi nián

雨季一到，河水就泛滥成灾，夺取了许多人
yǔ jì yí dào, hé shuǐ jiù fàn làn chéng zāi, duó qǔ le xǔ duō rén

的生命和财产。
de shēng mìng hé cái chǎn.

· 河伯 Hébó 하백 (물의 신) · 娶妻 qǔqī 아내를 얻다
· 战国时代 Zhànguóshídài 전국시대 · 西门豹 Xīménbào 시먼빠오 (인명)
· 官员 guānyuán 관리 · 县 xiàn 현 (행정 단위) · 巡视 xúnshì 순시하다

7. 하백의 신부

전국시대에 시먼빠오라는 관리가 어느 한 가난한 마을에 부임하였습니다.

시먼빠오는 마을을 잘 다스리기 위하여 수시로 각지를 시찰하였습니다.

얼마 후 그는 이 마을에 나쁜 풍습이 있다는 것을 알게 되었습니다.

당시에는 수리시설이 아직 잘 되어 있지 않아서, 매년 장마철이 되면 강물이 범람

하여 많은 사람들의 생명과 재산을 빼앗아갔습니다.

· 习俗 xísú 풍속습관 · 水利设施 shuǐlìshèshī 수리시설
· 不够 búgòu 부족하다 · 完善 wánshàn 완전하다 · 雨季 yǔjì 장마철
· 河水 héshuǐ 강물 · 泛滥成灾 fànlànchéngzāi 범람하여 홍수가 나다
· 夺取 duóqǔ 빼앗다

那里有个巫婆看到这种情况，觉得这正是
Nà li yǒu ge wū pó kàn dào zhè zhǒng qíng kuàng, jué de zhè zhèng shì

赚钱的好机会，就对县民说，
zhuàn qián de hǎo jī huì, jiù duì xiàn mín shuō,

"因为河伯常常发怒，所以发生洪水，冲毁
Yīn wèi Hé bó cháng cháng fā nù, suǒ yǐ fā shēng hóng shuǐ, chōng huǐ

了我们的农田。
le wǒ men de nóng tián.

我们每年都要把一个美女送入河中给河伯
Wǒ men měi nián dōu yào bǎ yí ge měi nǚ sòng rù hé zhōng gěi Hé bó

作妻子，河伯才不会发怒。"
zuò qī zi, Hé bó cái bú huì fā nù.

一听说河伯要娶妻，有女儿的人家都吓坏了。
Yì tīng shuō Hé bó yào qǔ qī, yǒu nǚ' ér de rén jiā dōu xià huài le.

因为如果女儿被巫婆选出，成为河伯的妻子，
Yīn wèi rú guǒ nǚ' ér bèi wū pó xuǎn chū, chéng wéi Hé bó de qī zi,

就没命了。
jiù méi mìng le.

· 巫婆 wūpó 무당 · 情况 qíngkuàng 상황 · 赚钱 zhuànqián 돈을 벌다
· 机会 jīhuì 기회 · 发怒 fānù 노하다 · 洪水 hóngshuǐ 홍수
· 冲毁 chōnghuǐ (물이) 휩쓸어 버리다 · 农田 nóngtián 농지

그곳의 한 무당이 이것을 보고서, 돈을 벌 수 있는 좋은 기회라 생각하여 마을 사람들에게 말했습니다.

"물의 신 하백이 노해서 홍수가 발생하고 우리의 농지를 휩쓸어 가는 거야.

매년 미녀를 한 명씩 하백에게 신부로 바치면 하백이 화를 내지 않을 것이야."

하백에게 신부를 바친다는 얘기를 듣자, 딸을 가진 부모들은 모두 너무나 놀랐습니다.

왜냐하면 무당에게 뽑혀 하백의 신부가 된다는 것은 곧 죽는다는 것이기 때문입니다.

· 吓坏 xiàhuài 매우 놀라다 · 选 xuǎn 뽑다 · 成为 chéngwéi ~이 되다
· 没命 méimìng 죽다 · 富有 fùyǒu 부유하다 · 纷纷 fēnfēn 속속, 잇달아
· 求 qiú 부탁하다

22

所以富有的人纷纷给巫婆送钱，
Suǒ yǐ fù yǒu de rén fēn fēn gěi wū pó sòng qián,

求她不要选自己的女儿。
qiú tā bú yào xuǎn zì jǐ de nǚ'ér.

这天，又是河伯娶妻的日子。
Zhè tiān, yòu shì Hé bó qǔ qī de rì zi.

西门豹走到被选中的女孩子面前，左看右
Xī mén bào zǒu dào bèi xuǎn zhòng de nǚ hái zi miàn qián, zuǒ kàn yòu

看。
kàn.

"这个孩子不好，长得又矮又丑，河伯一
Zhè ge hái zi bù hǎo, zhǎng de yòu ǎi yòu chǒu, Hé bó yí

定不喜欢。你先去告诉河伯，我们马上再
dìng bù xǐ huan. Nǐ xiān qù gào su Hé bó, wǒ men mǎ shàng zài

找一个更好的新娘送给他。"
zhǎo yí ge gèng hǎo de xīn niáng sòng gěi tā.

西门豹命令手下，把巫婆抛进河中。
Xī mén bào mìng lìng shǒu xià, bǎ wū pó pāo jìn hé zhōng.

过了一会儿，巫婆没有回来，他对巫婆的弟
Guò le yí huìr, wū pó méi yǒu huí lái, tā duì wū pó de dì

子说，
zi shuō,

· 选中 xuǎnzhòng 선택하다, 바로 뽑다 · 面前 miànqián ~앞
· 左看右看 zuǒkànyòukàn 좌우를 살펴보다 · 长 zhǎng 생기다
· 矮 ǎi 키가 작다 · 丑 chǒu (얼굴이) 못생기다 · 新娘 xīnniáng 신부

그래서 돈 있는 사람들은 무당에게 돈을 주어, 자기 딸을 뽑지 말아 달라고 부탁

하였습니다.

또 다시 하백에게 신부를 바치는 날이 되었습니다.

시먼빠오는 뽑힌 여자아이 앞에 가서 이리저리 살펴보았습니다.

"이 아이는 안되겠어. 키도 작고 못생겨서 하백이 싫어할 거야.

 네가 먼저 하백에게 가서 우리가 곧 더 좋은 신부를 찾아서 바치겠다고

 전하거라."

시먼빠오는 부하를 시켜 무당을 강에 던져 버렸습니다.

한참이 지나도 무당이 돌아오지 않자 그는 무당의 제자들에게 말했습니다.

7

· 命令 mìnglìng 명령하다 · 手下 shǒuxià 부하 · 抛 pāo 던지다, 버리다
· 回来 huílái 돌아오다 · 弟子 dìzi 제자

河伯娶妻 **97**

"巫婆为什么还不回来，你们快去看看吧。"
Wū pó wèi shén me hái bù huí lái,　nǐ men kuài qù kàn kan ba.

他又命令把巫婆的弟子抛进河里。
Tā yòu mìng lìng bǎ wū pó de dì zi pāo jìn hé lǐ.

又过了一会儿，西门豹对三位长老说，
Yòu guò le yí huìr,　Xī mén bào duì sān wèi zhǎng lǎo shuō,

"巫婆和弟子都不会办事，
Wū pó hé dì zi dōu bú huì bàn shì,

请你们过去帮帮忙吧！"
qǐng nǐ men guò qù bāng bang máng ba!

西门豹命令手下，把三个人抛进河里。
Xī mén bào mìng lìng shǒu xià, bǎ sān ge rén pāo jìn hé lǐ.

接着，西门豹又向几位与巫婆合谋的官员说，
Jiē zhe,　Xī mén bào yòu xiàng jǐ wèi yǔ wū pó hé móu de guān yuán shuō,

"请你们也去一趟吧。"
Qǐng nǐ men yě qù yí tàng ba.

他们纷纷跪在地下说，
Tā men fēn fēn guì zài dì xià shuō,

"大人，请原凉我们，以后不再欺骗村民了。"
Dà rén,　qǐng yuán liàng wǒ men, yǐ hòu bú zài qī piàn cūn mín le.

· 长老 zhǎnglǎo 장로(나이가 많은 어른) · 办事 bànshì 일을 처리하다
· 过 guò 건너가다 · 接着 jiēzhe 연달아, 계속해서 · 合谋 hémóu 공모하다
· 与 yǔ ~와 · 一趟 yítàng 한 번 · 跪 guì 무릎꿇다 · 原凉 yuánliàng 용서하다

"무당이 왜 아직도 오지 않는지 너희들이 빨리 가서 한번 보거라."

시먼빠오는 무당의 제자들도 강에 던지라고 명령했습니다.

다시 한참이 지나서, 시먼빠오는 세 명의 장로에게 말했습니다.

"무당과 제자들이 일을 할 줄 모르니 어르신들이 가서서 도와주십시오!"

시먼빠오는 부하에게 세 사람을 강에 던지라고 명령했습니다.

계속해서 시먼빠오는 무당과 공모한 몇 명의 관리들에게 말했습니다.

"당신들도 갔다 오시오."

관리들은 속속 바닥에 무릎을 꿇고 말했습니다.

"어르신, 부디 용서해 주십시오. 다시는 마을 사람들을 괴롭히지 않겠습니다."

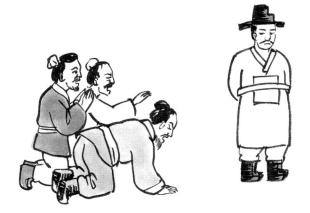

· 欺骗 qīpiàn 속이다, 괴롭히다 · 村民 cūnmín 마을 사람

西门豹若无其事的说，
Xī ménbào ruò wú qí shì de shuō,

"可能听到那些人的说明，河伯很高兴，好
Kě néng tīng dào nà xiē rén de shuō míng, Hé bó hěn gāo xìng, hǎo

好招待他们。
hāo zhāo dài tā men.

我看，我们不用等了，走吧！"
Wǒ kàn, wǒ men bú yòng děng le, zǒu ba!

从此，再也没有人提到河伯娶妻的事。
Cóngcǐ, zài yě méi yǒu rén tí dào Hé bó qǔ qī de shì.

后来，西门豹积极兴建水利，河水不再泛
Hòu lái, Xī mén bào jī jí xīng jiàn shuǐ lì, hé shuǐ bú zài fàn

滥成灾。
làn chéng zāi.

农作物生产量大大提高，农民的生活也大大
Nóng zuò wù shēng chǎn liàng dà dà tí gāo, nóng mín de shēng huó yě dà dà

改善了。
gǎi shàn le.

· 若无其事 ruòwúqíshì 아무 일도 없었던 것처럼 시치미를 떼다
· 可能 kěnéng 아마도, 아마 · 招待 zhāodài 접대하다 · 不用 búyòng 필요없다
· 提到 tídào 말하다 · 积极 jījí 적극적이다 · 兴建 xīngjiàn 건설하다

시먼빠오는 아무 일도 없었던 듯이 말했습니다.

"아마 그 사람들의 설명을 들으면 하백이 기뻐서 그들을 잘 보살펴 줄 거야.
 내 생각엔 더 기다릴 필요가 없는 것 같으니, 가자!"

이때부터 아무도 하백에게 신부를 바친 일을 말하지 않았습니다.

이후 시먼빠오는 적극적으로 수리시설을 건설했고 강물은 더 이상 범람하지 않았습니다.

농작물의 생산량도 크게 늘어났고, 농민들의 생활도 크게 나아졌습니다.

· 农作物 nóngzuòwù 농작물 · 生产量 shēngchǎnliàng 생산량
· 大大 dàdà 크게 · 提高 tígāo 향상시키다 · 农民 nóngmín 농민
· 改善 gǎishàn 개선하다

1 为了~ ~을 위하여

목적을 나타낸다.

· 西们豹为了管理好地方，经常到各地巡视。
 Xī men bào wèi le guǎn lǐ hǎo dì fāng,　jīng cháng dào gè dì xún shì.
 시먼빠오는 마을을 잘 다스리기 위하여 수시로 각지를 시찰하였습니다.

· 我这样做，完全是为了你。
 Wǒ zhè yàng zuò, wán quán shì wèi le nǐ.
 내가 이렇게 하는 것은 모두 당신을 위해서입니다.

2 又~又~ ~하고 ~하고

몇 가지 동작·상태가 한꺼번에 발생하는 것을 나타낸다.

· 这个孩子长得又矮又丑。
 Zhè ge hái zi zhǎng de yòu ǎi yòu chǒu.
 이 아이는 키도 작고 못생겼습니다.

· 地铁是很好的交通工具，又快又安全。
 Dì tiě shì hěn hǎo de jiāo tōng gōng jù,　yòu kuài yòu ān quán.
 지하철은 좋은 교통수단으로 빠르고 안전합니다.

3 不用 + 동사 ~할 필요가 없다

甭(béng)은 不用의 합음자로서 구어에서 많이 쓰인다.

· 我们不用（甭）等了，走吧！
 Wǒ men bú yòng(béng)děng le,　zǒu ba!
 더 이상 기다릴 필요 없으니, 가자!

· 大家都知道了，你不用再说了。
 Dà jiā dōu zhī dao le,　　nǐ bú yòng zài shuō le.
 모두 알고 있으니 다시 말할 필요 없어.

4 再也 더 이상

뒤에 부정의 뜻이 온다.

- **再也**没有人提到河伯娶妻的事。
  Zài yě méi yǒu rén tí dào Hé bó qǔ qī de shì.
  더 이상 아무도 하백에게 신부 바친 일을 말하지 않았습니다.

- 我**再也**不想去了。
  Wǒ zài yě bù xiǎng qù le.
  나는 다시는 가고 싶지 않습니다.

5 可能~ 아마도, 아마 (~일지도 모른다)

추측을 나타낸다.

- **可能**听到那些人的说明，河伯很高兴。
  Kě néng tīng dào nà xiē rén de shuō míng, Hé bó hěn gāo xìng.
  아마 그 사람들의 설명을 들으면 하백이 기뻐할 것입니다.

- 他**可能**不知道今天开会。
  Tā kě néng bù zhī dào jīn tiān kāi huì.
  그는 아마 오늘 회의를 모르고 있을 것입니다.

1. 西门豹发现什么不好的习俗？

2. 巫婆为什么认为这正是赚钱的好机会？

3. 西门豹为什么把巫婆和弟子抛进河里？

4. 西门豹说，"河伯好好招待他们。"这什么意思？

5. 后来，西门豹做了什么工作？

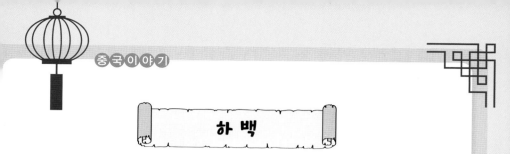

중국이야기

하 백

하백(河伯 Hébó)은 물의 신 중 가장 대표적인 인물로, 우리나라 고구려의 시조인 동명왕 주몽의 외할아버지로도 등장합니다.

황하는 중국 문명의 요람이었으므로 중국에는 황하와 관련된 전설이 상당히 많은데, 그 중심에는 대개 하백이 있습니다. 그 중 하백과 관련된 전설로 가장 유명한 것이 이 책에 나온 '하백취처'(河伯娶妻 Hébóqǔqī)일 것입니다.

이 이야기에 나오는 시먼빠오(西们豹 Xīménbào)는 위(魏 Wèi)나라 정치가로 수로를 파서 논으로 강물을 끌어들이는 수리사업을 하여, 농업 생산 증대에 이바지한 인물로 유명합니다. 지금도 하북성 임장현에는 그 당시 시먼빠오가 팠다는 수로가 있다고 합니다.

古时候，有个又聪明又漂亮的姑娘
Gǔ shí hou, yǒu ge yòu cōng míng yòu piào liang de gū niang

叫祝英台。
jiào Zhù yīng tái.

因为那时候女孩子不能出门上学，
Yīn wèi nà shí hou nǚ hái zi bù néng chū mén shàng xué,

祝英台只能天天望着大街上来来往往的读书
Zhù yīng tái zhǐ néng tiān tiān wàng zhe dà jiē shang lái lai wǎng wang de dú shū

人，羡慕他们。
rén, xiàn mù tā men.

有一天，祝英台鼓起勇气向父母说，
Yǒu yì tiān, Zhù yīng tái gǔ qǐ yǒng qì xiàng fù mǔ shuō,

"爸爸妈妈，我要女扮男装，
Bà ba mā ma, wǒ yào nǚ bàn nán zhuāng,

到杭州去读书。"
dào Háng zhōu qù dú shū.

· 梁山伯 Liángshānbó 량산보 (인명) · 祝英台 Zhùyīngtái 쭈잉타이 (인명)
· 古时候 gǔshíhou 옛날 · 又~又~ yòu~yòu~ ~이기도 하고 ~이기도 하다
· 出门上学 chūménshàngxué 집을 떠나서 공부하다 · 天天 tiāntiān 매일
· 望 wàng 바라보다 · 大街 dàjiē 큰 길

8. 량산보와 쭈잉타이

옛날에 쭈잉타이라는 예쁘고 똑똑한 아가씨가 있었습니다.

그때에는 여자아이는 집을 떠나 공부하러 갈 수 없었기 때문에,

쭈잉타이는 매일 큰길을 오가는 학생들을 바라보며 부러워 할 수밖에 없었습니다.

어느 날, 쭈잉타이는 용기를 내어 부모님께 말하였습니다.

"아버지, 어머니 저 남자로 변장하고 항주에 가서 공부를 하겠어요."

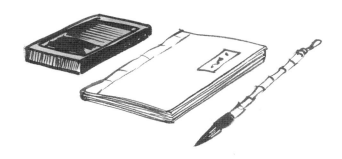

· 来来往往 láilaiwǎngwang 오가다 · 读书人 dúshūrén 학생
· 只能 zhǐnéng ~할 수 있을 뿐이다 · 羡慕 xiànmù 부러워하다
· 杭州 Hángzhōu 항주 (지명) · 读书 dúshū 공부하다 · 同意 tóngyì 동의하다
· 经不住 jīngbuzhù 견디지 못하다 · 哀求 āiqiú 애원하다

她的父母开始不同意，但经不住英台哀求，
Tā de fù mǔ kāi shǐ bù tóng yì, dàn jīng bu zhù yīng tái āi qiú,

只好答应了。
zhǐ hǎo dā ying le.

第二天早上，祝英台就女扮男装离开了父母。
Dì' èr tiān zǎo shang, Zhù yīng tái jiù nǚ bàn nán zhuāng lí kāi le fù mǔ.

她在路上遇见了一个叫梁山伯的青年，他也
Tā zài lù shang yù jiàn le yí ge jiào Liáng shān bó de qīng nián, tā yě

是到杭州去念书的。
shì dào Háng zhōu qù niàn shū de.

两个人在路上一边走，一边谈，很快就成了
Liǎng ge rén zài lù shang yì biān zǒu, yì biān tán, hěn kuài jiù chéng le

好朋友。
hǎo péng you.

到了杭州，他们在一个学校上学。
Dào le Háng zhōu, tā men zài yí ge xué xiào shàng xué.

他们两个人同学三年，互相关心，
Tā men liǎng ge rén tóng xué sān nián, hù xiāng guān xīn,

互相帮助，感情越来越深。
hù xiàng bāng zhù, gǎn qíng yuè lái yuè shēn.

· 离开 líkāi 떠나다 · 青年 qīngnián 청년 · 念书 niànshū 공부하다
· 一边~一边~ yìbiān~yìbiān~ ~하면서 ~하다
· 同学 tóngxué 같은 학교에서 함께 공부하다 · 互相 hùxiāng 서로

부모님은 처음에는 허락하지 않았지만, 쭈잉타이의 애원에 못 이겨 어쩔 수 없이 허락했습니다.

다음 날 아침, 쭈잉타이는 남장을 하고 부모님 곁을 떠났습니다.

그녀는 길에서 량산보라는 청년을 만나게 되었는데, 그도 항주에 공부하러 가는 길이었습니다.

두 사람은 길을 걸으면서 많은 이야기를 나누었고 금세 좋은 친구가 되었습니다.

항주에 도착하여 두 사람은 같은 학교에 들어갔습니다.

두 사람은 3년 동안 함께 공부하며 서로 관심을 갖고 도와주며 지내다 보니 사이가 점점 가까워졌습니다.

· 关心 guānxīn 관심을 갖다 · 越来越~ yuèláiyuè~ ~할수록 더 ~하다
· 深 shēn 깊다

祝英台已经爱上了梁山伯，但梁山伯
Zhù yīng tái yǐ jīng ài shàng le Liángshānbó, dànLiángshānbó

始终不知道祝英台是个女孩子。
shǐ zhōng bù zhī dào Zhùyīng tái shì ge nǚ hái zi.

祝英台多次向梁山伯暗示自己是个女孩子，
Zhù yīng tái duō cì xiàng Liáng shān bó àn shì zì jǐ shì ge nǚ hái zi,

但诚实的梁山伯一点儿也不知道她的意思。
dàn chéng shí de Liáng shān bó yì diǎnr yě bù zhī dào tā de yì si.

在临别的时候，祝英台对梁山伯说，
Zài lín bié de shí hou, Zhù yīng tái duì Liáng shān bó shuō,

"我有一个妹妹，长得跟我完全一样，
Wǒ yǒu yí ge mèi mei, zhǎng de gēn wǒ wán quán yí yàng,

如果你愿意，就早点儿到我家来求婚。"
rú guǒ nǐ yuàn yì, jiù zǎo diǎnr dào wǒ jiā lái qiú hūn.

梁山伯听了十分高兴。
Liáng shān bó tīng le shí fēn gāo xìng.

· 多次 duōcì 여러 차례 · 暗示 ànshì 암시하다 · 诚实 chéngshí 성실하다
· 意思 yìsi 뜻, 의미 · 临别 línbié 막 헤어지려고 하다 · 完全 wánquán 완전히
· 愿意 yuànyì 바라다 · 早点儿 zǎodiǎnr 일찍 · 求婚 qiúhūn 청혼하다

쭈잉타이는 이미 량산보를 사랑하게 되었지만 량산보는 쭈잉타이가 여자인지 전혀 몰랐습니다.

쭈잉타이는 여러 차례 량산보에게 자신이 여자임을 암시하였으나,

순진한 량산보는 조금도 그녀의 뜻을 알아채지 못하였습니다.

헤어지기 전에 쭈잉타이는 량산보에게 말했습니다.

"나한테 여동생이 하나 있는데 나랑 똑같이 생겼어.

 만약 네가 원한다면 빨리 우리집에 와서 청혼을 해."

량산보는 이 말을 듣고 매우 기뻤습니다.

· 十分 shífēn 매우

祝英台走后，梁山伯很想念她。
Zhù yīng tái zǒu hòu, Liáng shān bó hěn xiǎng niàn tā.

不久，他前往祝英台家，要向她的妹妹求
Bù jiǔ, tā qián wǎng Zhù yīng tái jiā, yào xiàng tā de mèi mei qiú

婚。
hūn.

梁山伯来到祝英台家，才知道祝英台是个女
Lián shān bó lái dào Zhù yīng tái jiā, cái zhī dao Zhù yīng tái shì ge nǔ

孩子。
hái zi.

梁山伯正在又惊又喜的时候，祝英台含着眼
Liáng shān bó zhèng zài yòu jīng yòu xǐ de shí hou, Zhù yīng tái hán zhe yǎn

泪告诉他，
lèi gào su tā,

"父亲正要把我嫁给一个高官的儿子。"
Fù qīn zhèng yào bǎ wǒ jià gěi yí ge gāo guān de ér zi.

梁山伯回到家里不久就病死了。
Liáng shān bó huí dào jiā lǐ bù jiǔ jiù bìng sǐ le.

· 想念 xiǎngniàn 그리워하다 · 不久 bùjiǔ 머지 않아, 곧
· 前往 qiánwǎng 가다, 향하다 · 惊 jīng 놀라다 · 喜 xǐ 기뻐하다
· 嫁给 jiàgěi ~에게 시집가다 · 高官 gāoguān 고위관리
· 病死 bìngsǐ 병으로 죽다

쭈잉타이가 떠난 후 량산보는 그녀가 매우 그리웠습니다.

얼마 후 량산보는 그녀의 동생에게 청혼하러 쭈잉타이 집으로 갔습니다.

량산보는 쭈잉타이 집에 와서야 쭈잉타이가 여자라는 것을 알게 되었습니다.

량산보가 놀라며 기뻐하고 있을 때, 쭈잉타이는 눈물을 머금은 채 그에게 말했습니다.

"아버지가 나를 고위관리의 아들에게 시집 보내려고 하셔."

량산보는 집으로 돌아온 지 오래지 않아 곧 병으로 죽었습니다.

听到梁山伯的死讯，祝英台哭了三天三夜。
Tīng dào Liáng shān bó de sǐ xùn, Zhù yīng tái kū le sān tiān sān yè.

她对父亲说，
Tā duì fù qīn shuō,

"我可以跟那个高官的儿子结婚，
Wǒ kě yǐ gēn nà ge gāo guān de ér zi jié hūn,

但是，结婚的那天，花轿必须经过
dàn shì, jié hūn de nà tiān, huā jiào bì xū jīng guò

梁山伯的墓地。"
Liáng shān bó de mù dì.

她父亲只好答应了。
Tā fù qīn zhǐ hǎo dā ying le.

出嫁那天，祝英台坐着花轿来到梁山伯的
Chū jià nà tiān, Zhù yīng tái zuò zhe huā jiào lái dào Liáng shān bó de

墓地。
mù dì.

她从花轿走出来，跪在梁山伯墓前哭了起
Tā cóng huā jiào zǒu chū lái, guì zài Liáng shān bó mù qián kū le qǐ

来。
lái.

· 死讯 sǐxùn 사망소식 · 可以 kěyǐ ~해도 된다 (허락) · 花轿 huājiào 꽃 가마
· 必须 bìxū 반드시 ~해야 한다 · 经过 jīngguò ~을 지나다 · 墓地 mùdì 무덤
· 出嫁 chūjià 시집가다

량산보가 죽었다는 소식을 듣고 쭈잉타이는 삼일 밤낮을 울었습니다.

그녀는 아버지에게 말했습니다.

"고관의 아들과 결혼하겠어요.

 그러나 결혼하는 날 꽃 가마가 반드시 량산보의 무덤을 지나가게 해 주세요."

아버지는 어쩔 수 없이 그러겠다고 약속했습니다.

시집가는 날 쭈잉타이는 꽃 가마를 타고 량산보의 무덤으로 갔습니다.

쭈잉타이는 꽃 가마에서 내려 량산보의 무덤 앞에 무릎을 꿇고 울기 시작했습니다.

这时，天一下子暗了下来，刮起了大风，下
Zhè shí, tiān yí xià zi àn le xià lái, guā qǐ le dà fēng, xià

起了大雨。
qǐ le dà yǔ.

忽然一声巨响，梁山伯的墓裂开了。
Hū rán yì shēng jù xiǎng, Liáng shān bó de mù liè kāi le.

祝英台立刻跳了进去，墓很快又合上了。
Zhù yīng tái lì kè tiào le jìn qù, mù hěn kuài yòu hé shàng le.

风停了，雨住了，太阳出来了，墓边开满了
Fēng tíng le, yǔ zhù le, tài yáng chū lái le, mù biān kāi mǎn le

鲜花。
xiān huā.

一对美丽的蝴蝶从墓中飞了出来，在花丛
Yí duì měi lì de hú dié cóng mù zhōng fēi le chū lái, zài huā cóng

中飞来飞去。
zhōng fēi lái fēi qù.

· 暗 àn 어둡다 · 刮 guā (바람이) 불다 · 大风 dàfēng 큰 바람
· 下 xià (비, 눈) 내리다 · 大雨 dàyǔ 큰 비 · 巨响 jùxiǎng 큰 소리
· 裂开 lièkāi 갈라지다 · 立刻 lìkè 즉시, 곧 · 合 hé 합치다 · 停 tíng 멈추다

이때, 하늘이 순식간에 컴컴해지더니 바람이 몰아치고 비가 쏟아지기 시작했습니다.

갑자기 큰 소리가 나더니 량산보의 무덤이 갈라졌습니다.

쭈잉타이는 즉시 그 속으로 뛰어 들어갔고 무덤은 바로 다시 닫혔습니다.

바람이 멈추고 비도 그치자 태양이 다시 떠오르고 무덤가엔 꽃이 가득 피었습니다.

아름다운 나비 한 쌍이 무덤에서 나와 꽃밭을 날아다녔습니다.

8

· 太阳 tàiyáng 태양 · 住 zhù 그치다 · 鲜花 xiānhuā 꽃 · 蝴蝶 húdié 나비
· 花丛 huācóng 꽃밭

1 只好 할 수 없이

· 父母经不住她的哀求，只好答应了。
Fù mǔ jīng bu zhù tā de āi qiú,　zhǐ hǎo dā ying le.
부모님은 그녀의 애원을 견디지 못하여 할 수 없이 허락하였습니다.

· 我们都有事，只好她去了。
Wǒ men dōu yǒu shì,　zhǐ hǎo tā qù le.
우리는 모두 일이 있어서, 할 수 없이 그녀가 갔다.

2 一边~ 一边 ~하면서 한편으로 ~하다

두 가지 동작을 동시에 할 때 사용한다.

· 他们一边走，一边谈，很快成了好朋友。
Tā men yì biān zǒu,　yì biān tán,　hěn kuài chéng le hǎo péng you.
그들은 걸으면서 이야기를 나누었고 금방 좋은 친구가 되었습니다.

· 我爸爸一边看报，一边抽烟。
Wǒ bà ba　yì biān kàn bào,　yì biān chōu yān.
아버지는 신문을 보면서 담배를 피우십니다.

3 越来越~ ~할수록 ~하다

정도의 증가를 나타낸다.

· 他们的感情越来越深了。
Tā men de gǎn qíng yuè lái yuè shēn le.
그들의 감정은 점점 깊어졌습니다.

· 每天来这里玩的人越来越多。
Měi tiān lái zhè lǐ wán de rén yuè lái yuè duō.
매일 여기 와서 노는 사람이 점점 많아졌습니다.

4 (一)点儿  좀, 약간

형용사 + 一点儿 (약간)

· 你早（一）点儿到我家来求婚。
  Nǐ zǎo (yì) diǎnr dào wǒ jiā lái qiú hūn.
  빨리 우리 집에 와서 청혼을 해.

一点儿 + 명사 (소량)

· 我学过一点儿日语，但是都忘了。
  Wǒ xué guo yì diǎnr Rì yǔ, dàn shì dōu wàng le.
  일본어를 좀 배웠지만 다 잊어버렸습니다.

5 才 ~에야 비로소

시간의 발생이나 끝맺음이 어느 시점에서 발생하게 됨을 나타낸다.

· 他来到祝英台家，才知道祝英台是个女孩子。
  Tā lái dào Zhù yīng tái jiā, cái zhī dao Zhù yīng tái shì ge nǚ hái zi.
  그는 쭈잉타이 집에 와서야 비로소 쭈잉타이가 여자인 것을 알게 되었습니다.

· 都十二点了，他才睡觉。
  Dōu shí' èr diǎn le, tā cái shuì jiào.
  12시가 돼서야, 그는 비로소 잠을 잤습니다.

1. 为什么祝英台天天望着街上来来往往的读书人?

2. 祝英台用什么办法到杭州去读书?

3. 祝英台说的妹妹是谁?

4. 你觉得梁山伯死的原因是什么?

5. 那一对蝴蝶是谁?

량산보와 쭈잉타이

나비를 모티브로 한 설화를 호접(蝴蝶 húdié)설화라고 하는데, 이런 호접설화의 가장 대표적인 것이 중국의 량산보와 쭈잉타이 설화입니다.

량산보와 쭈잉타이의 이야기는 중국 4대 전설 중의 하나로 중국 절강성 소흥(浙江省 绍兴 Zhèjiāngshěng Shàoxīng)의 지방극인 월극(越剧 yuèjù)의 대표적 희곡입니다. 이 이야기는 중국판《로미오와 줄리엣》으로 불리며, 량산보와 쭈잉타이의 비극적인 사랑은《양축》이라는 제목으로 영화화 되기도 하였습니다.

영화《양축》은 홍콩 감독 서극이 1994년 영화화한 작품으로 홍콩을 비롯한 동남아시아에 개봉되어 아주 좋은 흥행성적을 올리기도 하였습니다.

9

玉皇大帝召开生肖大会 🎧28

玉皇大帝决定在天庭召开一个选生肖
Yù huáng Dà dì jué dìng zài tiān tíng zhào kāi yí ge xuǎn shēng xiào

大会，因此向各种动物发了开会的通知。
dà huì, yīn cǐ xiàng gè zhǒng dòng wù fā le kāi huì de tōng zhī.

那时候，猫和老鼠是很好的朋友，决定一起
Nà shí hou, māo hé lǎo shǔ shì hěn hǎo de péng you, jué dìng yì qǐ

去参加大会。
qù cān jiā dà huì,

大会的前一天，猫对老鼠说，
Dà huì de qián yì tiān, māo duì lǎo shǔ shuō,

"明天去参加大会的时候，如果我睡着了，
Míng tiān qù cān jiā dà huì de shí hou, rú guǒ wǒ shuì zháo le,

你就叫醒我，好不好？"
nǐ jiù jiào xǐng wǒ, hǎo bu hǎo?

老鼠说，
Lǎo shǔ shuō,

"猫大哥，你放心吧。我一定叫醒你！"
Māo dà gē, nǐ fàng xīn ba. Wǒ yí dìng jiào xǐng nǐ!

猫就放心地睡了。
Māo jiù fàng xīn de shuì le.

9. 띠 이야기

옥황상제는 하늘에서 띠선발대회를 열기로 결정하고, 여러 동물에게 연락을 보냈습니다.

그 당시 고양이와 쥐는 사이 좋은 친구로 함께 대회에 참가하기로 하였습니다.

대회 전날 고양이가 쥐에게 말했습니다.

"내일 대회에 갈 때, 만약 내가 자고 있으면 나를 깨워 주겠니?"

"고양이 형, 걱정 마. 내가 꼭 깨워 줄게!"

고양이는 안심하고 잠이 들었습니다.

· 玉皇大帝 YùhuángDàdì 옥황상제 · 召开 zhàokāi (회의를) 열다
· 生肖 shēngxiào 띠 · 大会 dàhuì 대회 · 因此 yīncǐ 그래서, 이 때문에
· 发 fā 보내다 · 通知 tōngzhī 통지, 연락 · 猫 māo 고양이
· 睡着 shuìzháo 잠들다 · 叫醒 jiàoxǐng (불러서) 깨우다

第二天老鼠起得很早，可它没有叫醒猫，
Dì' èr tiān lǎo shǔ qǐ de hěn zǎo, kě tā méi yǒu jiào xǐng māo,

就偷偷地去参加大会了。
jiù tōu tōu de qù cān jiā dà huì le.

这时，龙也正准备去生肖大会。
Zhè shí, lóng yě zhèng zhǔn bèi qù shēngxiāo dà huì.

龙有一个美中不足的地方，就是头顶光秃秃
Lóng yǒu yí ge měi zhōng bù zú de dì fang, jiù shì tóu dǐng guāng tū tū

的。
de.

龙决定向公鸡借头上的角。
Lóng jué dìng xiàng gōng jī jiè tóu shàng de jiǎo.

公鸡摇头说，
Gōng jī yáo tóu shuō,

"真对不起，我也要参加大会呢！"
Zhēn duì bu qǐ, wǒ yě yào cān jiā dà huì ne!

· 偷偷 tōutōu 몰래 · 龙 lóng 용 · 准备 zhǔnbèi 준비하다
· 美中不足 měizhōngbùzú 옥의 티 · 头顶 tóutǐng 머리 꼭대기
· 光秃秃 guāngtūtū 번들번들하다 · 公鸡 gōngjī 수탉 · 借 jiè 빌리다, 빌려 주다

다음날, 쥐는 아침 일찍 일어났지만, 고양이를 깨우지 않고 몰래 대회에 갔습니다.

이때, 용도 대회에 갈 준비를 하고 있었습니다.

용은 옥에 티가 하나 있었는데, 바로 대머리라는 것입니다.

용은 수탉에게 뿔을 빌리기로 결심했습니다.

수탉은 고개를 저으며 말했습니다.

"미안해요, 저도 대회에 참석할 거예요!"

· 角 jiǎo 뿔 · 摇头 yáotóu 고개를 젓다

龙说，
Lóng shuō,

"你的头太小了，戴这么大的角很不相称。
Nǐ de tóu tài xiǎo le, dài zhè me dà de jiǎo hěn bù xiāng chèn.

你没有这角也够漂亮了！"
Nǐ méi yǒu zhè jiǎo yě gòu piào liang le!

这时候，有一条爱管闲事的蜈蚣说，
Zhè shí hou, yǒu yì tiáo ài guǎn xián shì de wú gōng shuō,

"鸡公公，你就把角借给龙哥哥吧。
Jī gōng gong, nǐ jiù bǎ jiǎo jiè gěi lóng gē ge ba.

如果你不放心，我来做担保人。"
Rú guǒ nǐ bú fàng xīn, wǒ lái zuò dān bǎo rén.

公鸡只好答应了。
Gōng jī zhǐ hǎo dā ying le.

第二天，天庭开了一个盛况空前的生肖
Dì' èr tiān, tiān tíng kāi le yí ge shèng kuàng kōng qián de shēng xiào

大会，各种动物都来了。
dà huì, gè zhǒng dòng wù dōu lái le.

· 戴 dài (뿔을) 달다 · 相称 xiāngchèn 어울리다 · 够 gòu 충분하다
· 爱 ài 좋아하다 · 蜈蚣 wúgōng 지네
· 管闲事 guǎnxiánshì 남의 일에 간섭하다 · 担保人 dānbǎorén 보증인
· 盛况空前 shèngkuàngkōngqián 성대한

"너는 머리가 너무 작아서 이렇게 큰 뿔을 달면 어울리지 않아.

뿔이 없어도 충분히 아름다워!"

이때, 남의 일에 끼어들기 좋아하는 지네가 말했습니다.

"닭 아저씨, 용 형님에게 뿔을 빌려주세요. 만약 안심이 안 되면 제가 보증을 설

게요."

그러자 수탉은 할 수 없이 뿔을 빌려주었습니다.

그 다음날 하늘에서는 매우 성대한 띠선발대회가 열렸고 각종 동물들이 참석하였

습니다.

🎧29

玉皇大帝选出12种动物作为人的生肖，
Yù huáng Dà dì xuǎn chū shí' èr zhǒng dòng wù zuò wéi rén de shēng xiào,

给他们排顺序。
gěi tā men pái shùn xù.

玉皇大帝说，
Yù huáng Dà dì shuō,

"你们中间牛最大，就让牛做第一生肖吧！"
Nǐ men zhōng jiān niú zuì dà, jiù ràng niú zuò dì yī shēng xiǎo ba!

大家都同意，可是小小的老鼠却大声说，
Dà jiā dōu tóng yì, kě shì xiǎo xiǎo de lǎo shǔ què dà shēng shuō,

"应该说，我比牛还要大！
Yīng gāi shuō, wǒ bǐ niú hái yào dà!

每次人们看见我都说，
Měi cì rén men kàn jiàn wǒ dōu shuō,

'啊呀，这老鼠真大！'
Ā yā, zhè lǎo shǔ zhēn dà!

可是没有人说过，'这头牛真大！'"
Kě shì méi yǒu rén shuō guo, Zhè tóu niú zhēn dà!

· 作为 zuòwéi ~로 삼다 · 排 pái 배열하다 · 顺序 shùnxù 순서, 차례
· 却 què 오히려, 도리어 · 啊呀 āyā 어머! (감탄사)

옥황상제는 띠가 될 열 두 동물을 뽑아 순서를 정해 주었습니다.

"너희들 중에서 소가 가장 크니 소가 첫 번째 띠를 하거라."

모두들 동의하였으나 작은 쥐만이 오히려 큰 소리로 말했습니다.

"마땅히 제가 소보다 더 크다고 할 수 있죠!

사람들이 저를 볼 때마다 '어머, 저 쥐 정말 크다!' 라고 하지,

'저 소 정말 크다!'라고 하는 사람은 없으니까요."

玉皇大帝说，"真有这样的事吗？"
Yù huáng Dà dì shuō,　Zhēn yǒu zhè yàng de shì ma?

老鼠理直气壮地说，
Lǎo shǔ lǐ zhí qìz huàng de shuō,

"你们要是不相信，可以到人多的地方试一
Nǐ men yào shi bù xiāng xìn,　kě yǐ dào rén duō de dì fang shì yi

试！"
shì!

玉皇大帝就带了十二种动物到人间去。
Yù huáng Dà dì jiù dài le shí' èr zhǒng dòng wù dào rén jiān qù.

人们看见牛的时候，人人熟视无睹。
Rén men kàn jiàn niú de shí hou,　rén rén shú shì wú dǔ.

这时，狡猾的老鼠突然爬到牛背上去。
Zhè shí,　jiǎo huá de lǎo shǔ tū rán pá dào niú bèi shàng qù.

人们一见牛背上的老鼠，就叫起来，
Rén men yí jiàn niú bèi shàng de lǎo shǔ,　jiù jiào qǐ lái,

"啊呀，这只老鼠真大！"
Ā yā,　zhè zhī lǎo shǔ zhēn dà!

· 理直气壮 lǐzhíqìzhuàng 당당하다, 떳떳하다 · 要是 yàoshi 만일
· 相信 xiāngxìn 믿다 · 试 shì 시험하다 · 熟试无睹 shúshìwúdǔ 본체만체하다
· 狡猾 jiǎohuá 교활하다, 간사하다 · 背 bèi 등

옥황상제는 "그게 정말이냐?" 라고 물었습니다.

쥐는 당당하게 말했습니다.

"만약 못 믿겠으면 사람 많은 곳에서 시험해 보십시오!"

옥황상제는 열 두 동물과 함께 인간세상으로 내려 왔습니다.

사람들은 소를 보고도 본체만체 하였습니다.

이때, 영리한 쥐가 갑자기 소 등으로 기어 올라갔습니다.

사람들은 소 등의 쥐를 보자 소리를 지르기 시작했습니다.

"어머, 이 쥐 정말 크다!"

玉皇大帝听见人们都这样说，就无可奈何地
Yù huáng Dà dì tīng jiàn rén men dōu zhè yàng shuō, jiù wú kě nài hé de

下了决定。
xià le jué dìng.

"让老鼠做第一生肖，让牛做第二生肖吧！"
Ràng lǎo shǔ zuò dì yī shēng xiào, ràng niú zuò dì' èr shēng xiào ba!

老鼠当上了第一生肖，得意杨杨地回来了。
Lǎo shǔ dāng shàng le dì yī shēng xiào, dé yì yáng yáng de huí lái le.

这时，猫刚睡醒说，
Zhè shí, māo gāng shuì xǐng shuō,

"鼠弟，怎么啦？今天没有开会吗？"
Shǔ dì, zěn me la? Jīn tiān méi yǒu kāi huì ma?

老鼠说，
Lǎo shǔ shuō,

"大会开完了。有十二种动物当上了生肖，
Dà huì kāi wán le. Yǒu shí' èr zhǒng dòng wù dāng shàng le shēng xiào,

我是第一名！"
wǒ shì dì yī míng!

· 当上 dāngshàng ~이 되다 · 得意杨杨 déyìyángyáng 의기양양하다
· 睡醒 shuìxǐng 잠에서 깨어나다 · 怎么啦 zěnmela 어떻게 된 거야

옥황상제는 사람들이 이렇게 말하는 것을 듣고 어쩔 수 없이 결정을 내렸습니다.

" 쥐를 첫 번째 띠로 삼고, 소를 두 번째 띠로 하거라!"

쥐는 첫 번째 띠가 되어 의기양양하게 돌아왔습니다.

이때, 고양이가 막 잠에서 깨어나 말했습니다.

" 쥐 동생, 어떻게 된 거야? 오늘 대회 안 했어? "

" 대회는 끝났어요. 열 두 동물이 띠로 뽑혔는데 내가 첫 번째예요! "

猫大吃一惊，问，
Māo dà chī yì jīng, wèn,

"那你为什么没叫醒我？"
Nà nǐ wèi shén me méi jiào xǐng wǒ?

老鼠轻描淡写地回答说，
Lǎo shǔ qīng miáo dàn xiě de huí dá shuō,

"忘记了！"
Wàng jì le!

猫气坏了，它突然扑上去咬住老鼠的脖子，
Māo qì huài le, tā tū rán pū shàng qù yào zhù lǎo shǔ de bó zi,

老鼠就死了。
lǎo shǔ jiù sǐ le.

从此，猫和老鼠成了死对头。
Cóng cǐ, māo hé lǎo shǔ chéng le sǐ duì tóu.

· 轻描淡写 qīngmiáodànxiě 얼렁뚱땅 넘어가다 · 忘 wàng 잊다
· 气坏 qìhuài 몹시 화가 나다 · 扑 pū 달려들다 · 咬 yǎo 물다 · 脖子 bózi 목
· 成 chéng ~이 되다 · 从此 cóngcǐ 이제부터, 여기부터 · 死对头 sǐduìtóu 원수

고양이는 깜짝 놀라서 물었습니다.

"그럼 왜 나를 깨우지 않았어?"

쥐는 대충 얼버무리며 대답했습니다.

"깜빡했어요!"

고양이는 너무 화가 나서, 확 달려들어 쥐의 목을 물어 죽였습니다.

이때부터 고양이와 쥐는 원수가 되었습니다.

再说公鸡被排在龙的后面，心里很不高兴。
Zài shuō gōng jī bèi pái zài lóng de hòu miàn, xīn lǐ hěn bù gāo xìng.

它决定把角讨回来，走到潭边对龙说，
Tā jué dìng bǎ jiǎo tǎo huí lái, zǒu dào tán biān duì lóng shuō,

"龙哥哥，请把角还给我吧！"
Lóng gē ge, qǐng bǎ jiǎo huán gěi wǒ ba!

龙不想把角还给公鸡，说，
Lóng bù xiǎng bǎ jiǎo huán gěi gōng jī, shuō,

"对不起，鸡公公！现在我要休息去了。
Duì bu qǐ, jī gōng gong! Xiàn zài wǒ yào xiū xi qù le.

这件事以后再说吧！"
Zhè jiàn shì yǐ hòu zài shuō ba!

说完，龙就游到水底下去了。
Shuō wán, lóng jiù yóu dào shuǐ dǐ xià qù le.

公鸡又气又恨，大声地叫喊，
Gōng jī yòu qì yòu hèn, dà shēng de jiào hǎn,

"龙哥哥，还我角！"
Lóng gē ge, huán wǒ jiǎo!

可是龙躲在潭底睡大觉，理也不理。
Kě shì lóng duǒ zài tán dǐ shuì dà jiào, lǐ yě bù lǐ.

· 再说 zàishuō 게다가, ~한 뒤에 하기로 하다 · 后面 hòumiàn ~뒤
· 讨 tǎo 받아내다 · 潭 tán 깊은 못 · 边 biān ~의 가장자리 · 休息 xiūxi 쉬다
· 游 yóu 헤엄치다 · 底 dǐ 바닥 · 气 qì 화내다 · 恨 hèn 분하다 · 躲 duǒ 숨다

한편, 수탉은 순서가 용보다 뒤로 밀리자 기분이 무척 나빴습니다.

그는 뿔을 돌려 받아야겠다고 마음 먹고 연못가로 가서 용에게 말했습니다.

"용 형님, 뿔 돌려주세요!"

용은 수탉에게 뿔을 돌려주고 싶지 않았습니다.

"미안해, 수탉! 나 지금 쉬러 가야겠어.

이 일은 나중에 다시 얘기하자!"

말을 마치고 용은 물 속으로 헤엄쳐 들어갔습니다.

수탉은 화도 나고 분해서 큰 소리로 외쳤습니다.

"용 형, 내 뿔 내놔!"

그러나 용은 연못 깊은 곳에 숨어 잠만 자고 모른 척했습니다.

· 理也不理 lǐyěbùlǐ 거들떠보지도 않다

公鸡没有办法，决定去找担保人蜈蚣。
Gōng jī méi yǒu bàn fǎ, jué dìng qù zhǎo dān bǎo rén wú gōng.

公鸡把龙不肯还角的事告诉了蜈蚣。
Gōng jī bǎ lóng bù kěn huán jiǎo de shì gào su le wú gōng.

蜈蚣说，
Wú gōng shuō,

"如果龙哥哥不要把角还给你，那我也没有
Rú guǒ lóng gē ge bú yào bǎ jiǎo huán gěi nǐ, nà wǒ yě méi yǒu

办法。"
bàn fǎ.

说完，蜈蚣也躲起来了。
Shuō wán, wú gōng yě duǒ qǐ lái le.

从此，公鸡头上没有了角，只留下红红的鸡
Cóng cǐ, gōng jī tóu shàng méi yǒu le jiǎo, zhǐ liú xià hóng hóng de jī

冠。
guān.

每天早上，公鸡想起失去的角，就大叫，
Měi tiān zǎo shang, gōng jī xiǎng qǐ shī qù de jiǎo, jiù dà jiào,

"龙哥哥，还我角！"
Lóng gē ge, huán wǒ jiǎo!

平时，公鸡见到蜈蚣就啄来吃。
Píng shí, gōng jī jiàn dào wú gōng jiù zhuó lái chī.

수탉은 방법이 없자 보증인인 지네를 찾아가기로 했습니다.

수탉은 용이 뿔을 돌려주려 하지 않는다고 지네에게 말했습니다.

"만약 용 형님이 뿔을 돌려주지 않는다면 저도 어쩔 수 없어요."

이 말을 하고 지네도 숨어 버렸습니다.

이때부터 수탉 머리에선 뿔이 없어지고 붉은 벼슬만 남았습니다.

매일 아침, 수탉은 잃어버린 뿔이 생각나서 크게 외칩니다.

"용 형, 내 뿔 내놔!"

그리고 항상 지네만 보면 부리로 쪼아 먹습니다.

· 不肯 bùkěn ~하려고 하지 않다 · 留下 liúxià 남기다 · 红 hóng 붉다
· 鸡冠 jīguān 닭 벼슬 · 失去 shīqù 잃어버리다 · 平时 píngshí 평상시
· 啄 zhuó 쪼다

1 借 빌리다 (빌려 주다)

借가 '빌리다'인지 '빌려주다'인지는 문맥에 따라 다르다.

· **龙**决定向公鸡**借**头上的角。
Lóng jué dìng xiàng gōng jī jiè tóu shàng de jiǎo.
용은 수탉에게 뿔을 빌리기로 결심했습니다.

· 它把头上的角**借**给龙哥哥。
Tā bǎ tóu shàng de jiǎo jiè gěi lóng gē ge.
그는 뿔을 용에게 빌려 주었습니다.

2 正在~ ~하는 중이다

동작의 진행이나 지속을 나타낸다.

· 他**正在**准备参加大会。
Tā zhèng zài zhǔn bèi cān jiā dà huì.
그는 대회에 참가하기 위하여 준비중입니다.

· 爸爸**正在**看报纸。
Bà ba zhèng zài kàn bào zhǐ.
아빠는 지금 신문을 보고 계십니다.

3 不肯 ~하려고 하지 않다

· 公鸡把龙**不肯**还角的事告诉了蜈蚣。
Gōng jī bǎ lóng bù kěn huán jiǎo de shì gào su le wú gōng.
수탉은 용이 뿔을 돌려주려 하지 않는다고 지네에게 말했습니다.

· 孩子**不肯**打针吃药。
Hái zǐ bù kěn dǎ zhēn chī yào.
아이들은 주사도 맞지 않고 약도 먹으려 하지 않습니다.

4 一～就 ~하자마자 곧

두 동작이 연이어 일어나는 것을 나타낸다.

· 人们一见牛背上的老鼠，就叫起来。
Rén men yí jiàn niú bèishàngde lǎo shǔ, jiù jiào qǐ lái.
사람들은 소 등의 쥐를 보자마자 소리를 지르기 시작했습니다.

· 他一看就明白了。
Tā yí kàn jiù míng bai le.
그는 보자마자 알았다.

5 ～吧 어기조사

문의 끝에 놓여 명령·청구·재촉·건의의 어기를 나타낸다.

· 龙哥哥，请把角还给我吧！
Lóng gē ge, qǐng bǎ jiǎo huán gěi wǒ ba!
용 형님, 뿔을 돌려주세요! (제의)

· 好吧，我答应你了！
Hǎo ba, wǒ dā ying nǐ le!
좋아, 약속할게! (동의)

· 今天不会下雨吧？
Jīn tiān bú huì xià yǔ ba?
오늘은 비가 안 오겠지? (추측)

1. 大会的前一天，猫向老鼠请求了什么？

2. 龙为什么向公鸡借斗上的角？

3. 老鼠为什么说自己比牛还要大？

4. 猫为什么把老鼠咬死了？

5. 为什么公鸡每天早上大叫？

띠의 유래

이책에 소개된 이야기 외에도 띠의 유래에 대해서는 여러 가지 이야기가 있습니다.

옛날, 옥황상제가 동물들에게 아침 일찍 달리기 시합을 하여 12등까지 상을 주겠다고 말하였습니다. 달리기에 자신이 없는 소는 남들이 잠든 전날 밤에 먼저 출발하였고, 눈치 빠른 쥐가 이것을 보고 잽싸게 소 등에 올라탔습니다. 동이 틀 무렵 드디어 소가 옥황상제의 궁 앞에 도착했고, 문이 열리는 순간, 쥐가 재빨리 뛰어 내려 소보다 먼저 문 안에 들어가 소를 제치고 1등이 되었다고 합니다. 천리를 쉬지 않고 달려온 호랑이는 3등이 되었고 달리기에 자신이 있는 토끼는 도중에 낮잠을 자는 바람에 4등이 되고 그 뒤를 이어 용, 뱀, 말, 양, 원숭이, 닭, 개, 돼지가 차례로 들어왔습니다.

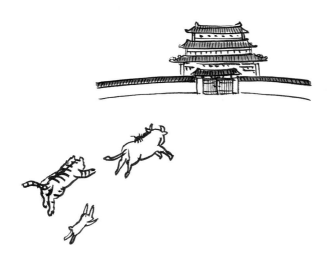

32

10 稻米的由来

很久以前，地面上没有稻田，只有荒野森林。
Hěn jiǔ yǐ qián,　dì miàn shàng méi yǒu dào tián,　zhǐ yǒu huāng yě sēn lín.

人类只能靠采野果和捕捉动物来填抱肚子。
Rén lèi zhǐ néng kào cǎi yě guǒ hé bǔ zhuō dòng wù lái tián bǎo dù zi.

有一年，日夜不停地下大雨，地面上发生了
Yǒu yì nián,　rì yè bù tíng de xià dà yǔ,　dì miàn shàng fā shēng le

大洪水。
dà hóng shuǐ.

这时候，很多小动物都淹死了，树上的果实
Zhè shí hou,　hěn duō xiǎo dòng wù dōu yān sǐ le,　shù shàng de guǒ shí

也腐烂了。
yě fǔ làn le.

可以吃的食物越来越少，很多人都饿死了。
Kě yǐ chī de shí wù yuè lái yuè shǎo,　hěn duō rén dōu è sǐ le.

· 稻米 dàomǐ 쌀 · 由来 yóulái 유래 · 地面 dìmiàn 지상 · 稻田 dàotián 논
· 荒野 huāngyě 황야, 거친 들판 · 森林 sēnlín 숲 · 人类 rénlèi 인간, 인류
· 靠 kào ~에 의지하다 · 采 cǎi 따다, 채취하다 · 野果 yěguǒ 야생열매

10. 쌀의 유래

아주 옛날, 지상에는 논이 없었고 거친 들판과 숲만이 있었습니다.

사람들은 야생 열매를 따고 동물을 잡는 것으로 배를 채울 수밖에 없었습니다.

어느 해, 밤낮을 쉬지 않고 비가 내려 땅에 큰 홍수가 났습니다.

이때, 많은 동물들이 물에 빠져 죽고 나무의 열매들도 썩어 버렸습니다.

먹을 수 있는 음식이 점점 줄어들면서 많은 사람들이 굶어 죽었습니다.

· 捕捉 bǔzhuō 잡다 · 填饱 tiánbǎo 배를 채우다 · 肚子 dùzi 배
· 日夜不停 rìyèbùtíng 밤낮을 쉬지 않다 · 淹死 yānsǐ 물에 빠져 죽다
· 果实 guǒshí 열매 · 腐烂 fǔlàn 썩다 · 食物 shíwù 음식

玉皇大帝召集天神开会，说，
YùhuángDà dì zhào jí tiānshén kāi huì, shuō,

"人类生活非常困难，我们想办法来帮助他
Rén lèi shēng huó fēi cháng kùn nan, wǒ men xiǎng bàn fǎ lái bāng zhù tā

们吧。"
men ba.

掌管种植五谷的神农氏说，
Zhǎng guǎn zhòng zhí wǔ gǔ de Shén nóng shì shuō,

"我想，教人类种植稻子是最好的方法。
Wǒ xiǎng, jiāo rén lèi zhōng zhí dào zi shì zuì hǎo de fāng fǎ.

那么，他们就可以自己生产粮食，不用和
Nà me, tā men jiù kě yǐ zì jǐ shēng chǎn liáng shi, bú yòng hé

野兽打斗了。"
yě shòu dǎ dòu le.

玉皇大帝决定派马、牛、羊、鸡、狗、猪等
Yù huáng Dà dì jué dìng pài mǎ, niú, yáng, jī, gǒu, zhū děng

六种动物去帮助人类。
liù zhǒng dòng wù qù bāng zhù rén lèi.

· 召集 zhàojí 소집하다 · 天神 tiānshén 하늘의 신
· 掌管 zhǎngguǎn 책임지다, 관리하다 · 种植 zhòngzhí 재배하다
· 五谷 wǔgǔ 오곡 · 神农氏 Shénnóngshì 신농씨 (중국의 전설상의 제왕)

옥황상제는 하늘의 신들을 불러 회의를 열고 말했습니다.

"인간들의 생활이 매우 힘드니, 그들을 도울 수 있는 방법을 생각해 봅시다."

오곡 재배하는 일을 책임지는 신농씨가 말했습니다.

"인간들에게 벼 재배하는 것을 가르쳐 주는 것이 가장 좋은 방법이라 생각합니다. 그러면, 그들 스스로 식량을 재배할 수 있어 들짐승과 싸울 필요가 없습니다."

옥황상제는 말, 소, 양, 닭, 개, 돼지 등 여섯 가지 동물을 보내어 인간을 돕기로 하였습니다.

· 稻子 dàozi 벼 · 粮食 liángshi 양식 · 野兽 yěshòu 야수, 들짐승
· 打斗 dǎdòu 싸우다

33

牛和马帮人类耕田、拉车，羊和猪
Niú hé mǎ bāng rén lèi gēng tián, lā chē, yáng hé zhū

提供羊奶和猪肉。
tí gòng yáng nǎi hé zhū ròu.

鸡每天早晨叫醒大家起床工作，
Jī měi tiān zǎo chén jiào xǐng dà jiā qǐ chuáng gōng zuò,

狗负责看家。
gǒu fù zé kān jiā.

那么，谁把稻谷送到人类呢？
Nà me, shéi bǎ dào gǔ sòng dào rén lèi ne?

原来从天庭到人间，要经过一片汪洋大海。
Yuán lái cóng tiān tíng dào rén jiān, yào jīng guò yí piàn wāng yáng dà hǎi.

玉皇大帝问六种动物，
Yù huáng Dà dì wèn liù zhǒng dòng wù,

谁愿意去完成这个任务。
shéi yuàn yì qù wán chéng zhè ge rèn wù.

· 耕田 gēngtián 밭을 갈다 · 拉车 lāchē 마차를 끌다 · 羊奶 yángnǎi 양 젖
· 猪肉 zhūròu 돼지고기 · 提供 tígòng 제공하다 · 早晨 zǎochén 아침
· 负责 fùzé 책임지다 · 看家 kānjiā 집을 지키다 · 稻谷 dàogǔ 벼

소와 말은 인간을 도와 밭을 갈고, 마차를 끌며, 양과 돼지는 젖과 고기를

줍니다.

닭은 매일 아침 사람들을 깨워 일하게 하고, 개는 집 지키는 일을 맡습니다.

그러면, 누가 볍씨를 인간에게 갖다줄까요?

원래 하늘에서 땅으로 가려면 아득히 넓은 바다를 건너야 했습니다.

옥황상제는 여섯 동물에게 누가 이 임무를 맡겠냐고 물었습니다.

· 汪洋大海 wāngyángdàhǎi 아득히 넓은 바다 · 完成 wánchéng 완수하다
· 任务 rènwù 임무

牛露出无可奈何的表情说，
Niú lòu chū wú kě nài hé de biǎo qíng shuō,

"我只会使力气，不会做这工作。"
Wǒ zhǐ huì shǐ lì qi,　bú huì zuò zhè gōng zuò.

马说，
Mǎ shuō,

"我一身毛滑溜溜的，粘不住一颗稻谷。"
Wǒ yì shēn máo huá liū liū de,　zhān bu zhù yì kē dào gǔ.

鸡摇头说，
jī yáo tóu shuō,

"我这么小带不了多少稻谷。"
Wǒ zhè me xiǎo dài bu liǎo duō shǎo dào gǔ.

羊和猪也提出拒绝的理由。
Yáng hé zhū yě tí chū jù jué de lǐ yóu.

· 使 shǐ 쓰다, 사용하다 · 力气 lìqi 힘 · 表情 biǎoqíng 표정 · 毛 máo 털
· 滑溜溜 huáliūliū 미끄럽다 · 粘 zhān 붙다 · 颗 kē 알 (알맹이 모양을 세는 단위)
· 带 dài 지니다, 휴대하다 · 提出 tíchū 제시하다

소가 어쩔 수 없다는 표정을 지으며 말했습니다.

"저는 힘만 쓸 줄 알지, 이런 일은 할 줄 모릅니다."

말이 말했습니다.

"저는 털이 미끄러워서 쌀이 한 알도 붙어 있을 수가 없어요."

닭이 고개를 저으며 말했습니다.

"저는 너무 작아서 쌀을 얼마 갖고 가지 못해요."

양과 돼지도 거절의 이유를 말하였습니다.

10

最后，狗说，
Zuì hòu,　gǒu shuō,

"我来试试吧，人类太可怜了。"
　Wǒ lái shì shi ba,　rén lèi tài kě lián le.

玉皇大帝很高兴，说，"拜托你了！"
Yù huáng Dà dì hěn gāo xìng, shuō,　Bài tuō nǐ le!

狗弄湿了全身，在谷子堆里打滚，把稻谷粘
Gǒu nòng shī le quán shēn, zài gǔ zi duī lǐ dǎ gǔn,　bǎ dào gǔ zhān

满一身，就和其他动物一起，跳进了大海。
mǎn yì shēn,　jiù hé qí tā dòng wù yì qǐ,　tiào jìn le dà hǎi.

狗本来是游泳专家，可是他要照顾身上的稻
Gǒu běn lái shì yóu yǒng zhuān jiā,　kě shì tā yào zhào gù shēn shàng de dào

谷，在海中忙得团团转。
gǔ,　zài hǎi zhōng máng de tuán tuán zhuàn.

狗奋力把自己的身体拱得高高的，把尾巴高
Gǒu fèn lì bǎ zì jǐ de shēn tǐ gǒng de gāo gāo de,　bǎ wěi ba gāo

高竖起，努力跳过一个个的浪头。
gāo shù qǐ,　nǔ lì tiào guò yí gè gè de làng tou.

· 可怜 kělián 불쌍하다 · 拜托 bàituō 부탁하다 · 弄湿 nòngshī 적시다
· 全身 quánshēn 전신, 온 몸 · 谷子 gǔzi 벼 · 堆 duī 더미, 무리
· 打滚 dǎgǔn 구르다 · 游泳 yóuyǒng 수영 · 专家 zhuānjiā 전문가

마지막으로 개가 말했습니다.

"제가 한번 해 보겠습니다. 인간들이 너무 불쌍해요."

옥황상제는 기뻐하며 말했습니다.

"부탁한다!"

개는 온 몸을 적신 후 벼더미 위에서 굴러 온 몸에 쌀을 묻히고, 다른 동물들과 함께 바다로 뛰어 들었습니다.

개는 원래 수영 전문가이지만 몸에 붙은 쌀을 보호해야 하기 때문에 바다에서 허둥지둥댔습니다.

개는 힘을 내어 자신의 몸을 높이 움츠리고 꼬리를 높이 들어, 열심히 파도를 하나하나 넘었습니다.

· 照顾 zhàogù 돌보다 · 团团转 tuántuánzhuàn 쩔쩔매다, 허둥지둥하다
· 奋力 fènlì 힘을 내다 · 拱 gǒng 움츠리다 · 竖起 shùqǐ 세우다
· 浪头 làngtou 파도

终于到达人间了，但狗身上的稻谷都被大浪
Zhōng yú dào dá rén jiān le, dàn gǒu shēn shàng de dào gǔ dōu bèi dà làng

冲走了，只剩下一点点，粘在那高高竖起的
chōng zǒu le, zhǐ shèng xià yì diǎn diǎn, zhān zài nà gāo gāo shù qǐ de

尾巴顶端上。
wěi ba dǐng duān shàng.

已经头昏眼花的狗把尾巴顶端的稻谷交给了
Yǐ jīng tóu hūn yǎn huā de gǒu bǎ wěi ba dǐng duān de dào gǔ jiāo gěi le

人类。
rén lèi.

从此以后，人类可以吃香喷喷的米饭，
Cóng cǐ yǐ hòu, rén lèi kě yǐ chī xiāng pēn pēn de mǐ fàn,

再不用和野兽打斗了。
zài bú yòng hé yě shòu dǎ dòu le.

为了报答狗千辛万苦地送来稻谷，人类让狗
Wèi le bào dá gǒu qiān xīn wàn kǔ de sòng lái dào gǔ, rén lèi ràng gǒu

一起吃米饭。
yì qǐ chī mǐ fàn.

可马、牛、羊只能吃稻草，鸡和猪只能吃稻
Kě mǎ, niú, yáng zhǐ néng chī dào cǎo, jī hé zhū zhǐ néng chī dào

谷呢！
gǔ ne!

· 到达 dàodá 도착하다 · 冲 chōng 씻기다 · 剩下 shèngxià 남다
· 顶端 dǐngduān 꼭대기, 끝
· 头昏眼花 tóuhūnyǎnhuā 머리가 어지럽고 눈이 핑핑돌다

마침내 인간세상에 도착했지만 개 몸의 볍씨는 모두 파도에 씻겨 버려서

조금밖에 남지 않았는데, 높이 쳐든 꼬리 끝에 붙어 있는 것들이었습니다.

이미 지쳐 버린 개는 꼬리 끝에 있는 볍씨를 인간에게 주었습니다.

이때부터 인간들은 구수한 밥을 먹게 되었고, 더 이상 들짐승들과 싸울 필요가 없

게 되었습니다.

힘들게 볍씨를 전해 준 개에 보답하기 위해서, 인간들은 개에게도 함께 밥을 먹도

록 하였습니다.

그러나 말, 소, 양은 볏짚만 먹고, 닭과 돼지는 벼만 먹게 되었습니다!

· 香喷喷 xiāngpēnpēn 향기가 그윽하다 · 米饭 mǐfàn 밥
· 千辛万苦 qiānxīnwànkǔ 천신만고 · 稻草 dàocǎo 볏짚

1 只能 다만 ~할 수 있을 뿐이다

· 人类只能靠采野果和捕捉动物来填抱肚子。

Rén lèi zhǐ néng kào cǎi yě guǒ hé bǔ zhuō dòng wù lái tián bǎo dù zi.

인간은 야생열매를 따고 동물을 잡는 것으로 배를 채울 수밖에 없었습니다.

· 他只能骂几声。

Tā zhǐ néng mà jǐ shēng.

그는 다만 욕 몇 마디 할 수 있을 뿐이었습니다.

2 可以 ~할 수 있다

· 他们就可以自己生产粮食，不用和野兽

Tā men jiù kě yǐ zì jǐ shēng chǎn liáng shi, bú yòng hé yě shòu

打斗了。

dǎ dòu le.

그들 스스로 식량을 생산할 수 있어 들짐승과 싸울 필요가 없습니다.

· 三天就可以做完。

Sān tiān jiù kě yǐ zuò wán.

3일이면 다 할 수 있습니다.

3 从~到~ ~에서 ~까지

장소, 시간 따위의 출발과 도착을 나타낸다.

· **原来从天庭到人间，要经过一片汪洋大海。**
Yuán lái cóng tiān tíng dào rén jiān, yào jīng guò yí piàn wāng yáng dà hǎi.
원래 하늘에서 인간세상으로 가려면 넓고 큰 바다를 지나야 합니다.

· **从第一课到第三课你念一下。**
Cóng dì yī kè dào dì sān kè nǐ niàn yí xià.
1과에서 3과까지 읽어 보아라.

4 只会~不会~ 단지 ~만 할 줄 알고 ~는 못한다

· **我只会使力气，不会做这种工作。**
Wǒ zhǐ huì shǐ lì qi, bú huì zuò zhè zhǒng gōng zuò.
나는 힘만 쓸 줄 알지, 이런 일은 할 줄 모릅니다.

· **我只会写字，不会打字。**
Wǒ zhǐ huì xiě zì, bú huì dǎ zì.
나는 글씨만 쓸 줄 알지, 타자는 못 칩니다.

6 拜托 부탁드립니다

· **那就拜托你了。**
Nà jiù bài tuō nǐ le.
그럼 부탁하겠습니다.

· **拜托你拉我上来，我什么东西都给你。**
Bài tuō nǐ lā wǒ shàng lái, wǒ shén me dōng xi dōu gěi nǐ.
저 좀 끌어올려 주세요. 뭐든지 다 드릴게요.

稻米的由来 **157**

1. 很久以前，人们怎么生活？

2. 玉皇大帝为什么要帮助人类？

3. 神农氏说，帮助人类的最好方法是什么？

4. 谁愿意把稻谷送到人间？

5. 人类为什么让狗一起吃米饭？

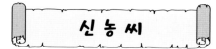

신 농 씨

중국 역사의 첫 머리를 장식하는 복희씨(伏羲氏 Xīhuáng), 수인씨(燧人氏 Suìrénshì), 신농씨(神农氏 Shénóngshì) 중 신농씨는 농업의 신입니다.

전설에 의하면 그는 소의 머리에 사람의 얼굴을 하고 있었고 화덕(火德 huǒdé)을 가지고 있었기 때문에 염제(炎帝 Yándì)라고도 불렸으며, 나무를 잘라 구부려서 호미 같은 농구를 만들어 백성에게 농경을 가르쳤다고 합니다. 또한 여러 가지 풀을 맛보고 약초를 찾아내 사람들의 병을 고쳤고, 이 과정에서 처음으로 차(茶 chá)를 발견하였습니다. 그는 오현금을 만들었으며 팔괘(八卦 bāguà)를 겹쳐 점(占 zhān)을 보는 점술을 고안해냈고, 시장을 세워 백성들에게 거래하는 방법을 가르쳤다고 합니다.

즉, 신농씨는 중국의 농업·의약·음악·점서(占筮 Zhānshì)·경제의 조신(祖神 zǔshén)이며, 중국 문화의 원천으로 알려져 있습니다.

※복희씨 : 사람의 머리에 뱀의 몸을 하고 있었고, 팔괘를 창제했으며, 고기잡이와 목축을 가르쳤다고 하는 전설상의 인물.
※수인씨 : 처음으로 불의 사용법을 전수했다는 전설상의 인물.

모범답안 〰️

1 아기돼지의 선물   p.14

1. 今天是小猪的生日。我的生日～月～号。
2. 因为小猴子的好朋友小猪没有来祝贺小猴子的生日。
3. 山羊爷爷说，小猪到树林里去了。小鸟说，小猪到山谷里去了。
4. 为了摘小猴子最喜欢的核桃，小猪爬到核桃树上，可是它从树上掉进沟里了。
5. 因为小猪为了摘小猴子喜欢的核桃，从树上掉进沟里了。所以，小猴子非常感谢小猪。

2 호랑이와 개구리   p.30

1. 那个'呱呱'的声音是青蛙发出来的。
2. 首先，比谁跳得高，第二次，比谁跳得远。
3. 青蛙先跳到老虎的尾巴上，然后用力一跳。
4. 因为，老虎害怕，遇到青蛙后狼自己跑。
5. 青蛙想报答种田的爷爷，可是不知道他是谁。所以为了报答救命之恩在田里吃害虫。

3 멍지앙뉘 이야기   p.44

1. 因为当时秦始皇为了造长城，到处抓人做苦工，所以范喜良逃难来了。
2. 秦始皇为了造长城，到处抓人做苦工。
3. 因为孟姜女想北方一定很冷，所以她为丈夫做了棉衣。
4. 孟姜女到长城的时候，她的丈夫范喜良已经死了，所以他们不能见面。
5. 因为孟姜女看见丈夫的尸体，感到非常痛苦，所以从山上跳了下去。

4 영리한 아판티   p.58

1. 因为谁说了皇帝坏，谁就要被杀头。
2. 因为阿凡提骑了一只小毛驴，到各地说皇帝坏。
3. 阿凡提说，天上的星星跟皇帝的胡子一样多。
4. 因为他早就知道他自己哪天要死，而且他还知道皇帝哪天死。
5. 因为阿凡提比皇帝早一天死。所以，如果阿凡提能长寿，自己也可以长寿。

5 견우와 직녀 p.72

1. 因为织女很会织布，所以大家都叫她织女，牛郎每天到山上放牛，所以大家都叫他牛郎。
2. 因为牛郎拿走织女的五彩霓裳，所以她找不到自己的衣服。
3. 牛郎按照老牛的话，把儿女放在箩筐里，披上牛皮，追上天去。
4. 因为，王母娘娘看到牛郎追来，拔下头上的金簪一挥，把银河变成了波涛汹涌的大海。
5. 喜鹊被感动了他们的爱情，千万只喜鹊飞来搭成鹊桥，牛郎和织女在鹊桥上相会了。

6 화무란 p.90

1. 木兰的家有五口人。父亲、母亲、姐姐、弟弟和木兰。
2. 当时，在北方有匈奴来犯，每家都要有一个男人参加战争。可是，木兰的爸爸年纪大了，弟弟年纪又还小，她家没有人从军打仗。
3. 木兰要求，如果自己赢了父亲，父母答应她去打仗。父亲见女儿武艺高强，允许她去战争。
4. 元师要求木兰跟自己的独生女儿结婚。
5. 元师以为木兰是男人，可是他看见木兰身穿女衣，大吃一惊。

7 하백의 신부 p.104

1. 每年把一个少女投到河里，让河伯娶了妻，免了成灾。
2. 因为富有的人纷纷给巫婆送钱，求她不要选自己的女儿。
3. 从表面上的理由是，因为他们选中的女孩子不好看，河伯一定不喜欢，所以让他们先告诉河伯，再找一个更好的新娘送他。但真正的原意是，要惩罚他们。
4. 因为他们掉进河里，所以不能再回来。
5. 后来，西门豹积极兴建水利，河水不再泛滥成灾。

8 량산보와 쭈잉타이 p.120

1. 因为那时候女孩子不能出门上学，所以祝英台羡慕他们。
2. 祝英台要女扮男装，到杭州去读书。
3. 祝英台说的妹妹是祝英台自己。
4. 因为梁山伯要跟祝英台结婚，可是祝英台的父亲要把她嫁给高官的儿子，所以他伤心死了。
5. 那一对的蝴蝶可能是祝英台和梁山伯。

5. 为了报答狗千辛万苦地送来稻谷，人类让狗一起吃米饭。

1. 第二天老鼠去参加大会的时候，如果自己睡着了，请老鼠叫醒自己。

2. 龙要参加生肖大会，可是它有一个美中不足的地方，就是头顶光秃秃的，所以它要向公鸡借头上的角。

3. 因为，每次人们看见老鼠都说，老鼠真大，可是没有人说，牛真大。

4. 因为老鼠没有叫醒猫，就偷偷地去参加生肖大会，所以猫没能参加大会。

5. 因为龙没有把角还给公鸡，所以它在每天早上，想起来失去的角，就大叫"龙哥哥，还我角。"

1. 很久以前，地面上没有稻田，只有荒野森林。因此，人类只能靠采野果和捕捉动物来填饱肚子。

2. 有一年，地面上发生了洪水，可以吃的食物越来越少，很多人都饿死了。

3. 神衣氏说，教人类种植稻子是最好的方法。如果他们可以自己生产粮食，就不用和野兽打斗了。

4. 狗认为，人类可怜，因此他愿意把稻谷送到人间。

어휘표 🌊

A

阿凡提 Āfántí	아판티(인명)
哀求 āiqiú	애원하다
矮 ǎi	키가 작다
爱 ài	좋아하다
爱情 àiqíng	사랑하는 마음
暗 àn	어둡다, 캄캄하다
暗示 ànshì	암시하다
按照 ànzhào	～에 따라
啊呀 āyā	어머! (감탄사)

B

拔 bá	빼다, 뽑다
把 bǎ	～를
白兔 báitù	토끼
败 bài	지다
拜托 bàituō	부탁하다
办法 bànfǎ	방법
办事 bànshì	일을 처리하다
帮助 bāngzhù	도와주다
绑 bǎng	묶다
报答 bàodá	보답하다
抱住 bàozhù	꼭 껴안다
北方 běifāng	북쪽
背 bèi	등
被 bèi	～에 의하여
	～에게 당하다
比 bǐ	～보다
比赛 bǐsài	시합, 내기
比试 bǐshì	겨루다

必须 bìxū	반드시 ～해야 한다
边 biān	～의 가장자리
变成 biànchéng	변하다
表情 biǎoqíng	표정
别 bié	다른
病死 bìngsǐ	병으로 죽다
波涛汹涌 bātāoxiōngyǒng	
	파도가 세차게 몰아치다
脖子 bózi	목
不会吧 búhuìba	말도 안돼
不够 búgòu	부족하다
不要 búyào	～하지 마라
不用 búyòng	필요없다
不敢 bùgǎn	감히 ～하지 못하다
不久 bùjiǔ	머지않아, 곧
不肯 bùkěn	～하려고 하지 않다
不行 bùxíng	안된다
捕捉 bǔzhuō	잡다
布依族 Bùyīzú	포의족 (소수민족)

C

财产 cáichǎn	재산
采 cǎi	따다, 채취하다
菜 cài	음식, 요리
参加 cānjiā	참가하다
参军 cānjūn	군대에 들어가다
藏 cáng	숨어 있다
草 cǎo	풀
长 cháng	길다
常常 chángcháng	종종
长城 Chángchéng	만리장성

唱歌 chànggē	노래부르다	大大 dàdà	크게
称赞 chēngzàn	칭찬하다	大风 dàfēng	큰 바람
成 chéng	~이 되다	大海 dàhǎi	넓은 바다
成为 chéngwéi	~이 되다	大会 dàhuì	대회
诚实 chéngshí	성실하다	大家 dàjiā	모두
吃饭 chīfàn	밥을 먹다	大街 dàjiē	큰 길
冲 chōng	(물에) 씻기다	大声 dàshēng	큰소리
冲毁 chōnghuǐ	(물이) 휩쓸어 버리다	大雨 dàyǔ	큰 비
丑 chǒu	(얼굴이) 못생기다	戴 dài	(뿔을) 달다
出发 chūfā	출발하다	带 dài	데려가다
出嫁 chūjià	시집가다		(몸에) 지니다
出门 chūmén	집을 떠나다	代替 dàitì	대신하다
出门上学 chūménshàngxué		躭保人 dānbǎorén	보증인
	집을 떠나서 공부하다	担心 dānxīn	걱정하다
穿 chuān	(옷을) 입다	当然 dāngrán	당연히
传来 chuánlái	전해오다	当上 dāngshàng	~이 되다
传说 chuánshuō	전설, 설화	倒 dǎo	무너지다
垂 chuí	늘어뜨리다	稻草 dàocǎo	볏짚
聪明 cōngmíng	똑똑하다, 영리하다	稻谷 dàogǔ	벼
从 cóng	~부터	稻米 dàomǐ	쌀
从此 cóngcǐ	이제부터, 여기부터	稻田 dàotián	논
从军 cóngjūn	군대에 들어가다	稻子 dàozi	벼
村民 cūnmín	마을 사람	到处 dàochù	도처에, 곳곳
		到达 dàodá	도착하다
		得意杨杨 déyìyángyáng	
			의기양양하다

D

搭 dā	세우다, 짓다	等 děng	기다리다
答应 dāying	약속하다, 대답하다	底 dǐ	바닥
打败 dǎbài	이기다	第二次 dì'èrcì	두 번째
打斗 dǎdòu	싸우다	第二天 dì'èrtiān	다음날
打滚 dǎgǔn	구르다	地面 dìmiàn	지상
打仗 dǎzhàng	싸우다	弟子 dìzi	제자
大吃一惊 dàchīyìjīng	크게 놀라다	掉进 diàojìn	빠지다

顶端 dǐngduān	꼭대기, 끝	泛滥成灾 fànlànchéngzāi	
东边 dōngbian	동쪽		범람하여 홍수가 나다
东西 dōngxi	물건	范喜良 Fànxǐliáng	판시량 (인명)
冬天 dōngtiān	겨울	放 fàng	놓아주다
动物 dòngwù	동물	放牛 fàngniú	소를 몰다
独生女儿 dúshēngnǚ'ér	외동딸	放心 fàngxīn	안심하다
读书 dúshū	공부하다	飞 fēi	날다
读书人 dúshūrén	학생	非常 fēicháng	매우
渡过 dùguò	넘기다	纷纷 fēnfēn	속속, 잇달아
肚子 dùzi	배	奋力 fènlì	힘을 내다
段 duàn	토막(사물의 한 부분)	风度 fēngdù	태도, 풍격
堆 duī	더미, 무리	腐烂 fǔlàn	썩다
对不起 duìbuqǐ	미안하다	富有 fùyǒu	부유하다
队伍 duìwu	군대	负责 fùzé	책임지다
蹲 dūn	쪼그리고 앉다		
多次 duōcì	여러 차례		
多少 duōshǎo	얼마나	**G**	
夺取 duóqǔ	빼앗다		
躲 duǒ	숨다	改善 gǎishàn	개선하다
		赶 gǎn	(소를) 몰다
		感动 gǎndòng	감동하다
E		感情 gǎnqíng	감정
		干什么 gànshénme	어째서, 왜
饿死 èsǐ	굶어 죽다	高 gāo	높다
而且 érqiě	게다가	高官 gāoguān	고위관리
		高强 gāoqiáng	(무예가) 뛰어나다
		高兴 gāoxìng	기뻐하다
F		告别 gàobié	작별하다
		告诉 gàosu	말하다, 알리다
发 fā	보내다	割皮 gēpí	가죽을 벗기다
发出 fāchū	(소리를) 내다	隔 gé	사이에 두다
发怒 fānù	노하다	各地 gèdì	각지
发生 fāshēng	발생하다	根 gēn	개 (끈을 세는 단위)
发现 fāxiàn	발견하다	跟 gēn	~와 함께
犯 fàn	저지르다, 침범하다		

跟着 gēnzhe	~와 함께, ~에 따라	合 hé	합치다, 모으다
耕田 gēngtián	밭을 갈다	河伯 Hébó	하백 (물의 신)
公鸡 gōngjī	수탉	河水 héshuǐ	강물
拱 gǒng	움츠리다	合谋 hémóu	공모하다
沟 gōu	웅덩이	核桃树 hétaoshù	호두나무
够 gòu	충분하다	很 hěn	매우
姑娘 gūniang	아가씨	很久以前 hěnjiǔyǐqián	아주 옛날
鼓起勇气 gǔqǐyǒngqì	용기를 내다	恨 hèn	분하다
古时候 gǔshíhou	옛날	轰隆 hōnglōng	쾅 (폭음 등의 소리)
谷子 gǔzi	벼	红 hóng	붉다, 빨개지다
刮 guā	(바람이) 불다	洪水 hóngshuǐ	홍수
呱呱 guāguā	개굴개굴 (의성어)	后来 hòulái	나중에
官员 guānyuán	관리	后面 hòumiàn	~뒤
关心 guānxīn	관심을 갖다	猴子 hóuzi	원숭이
管理 guǎnlǐ	관리하다	忽然 hūrán	갑자기
管闲事 guǎnxiánshì	남의 일에 간섭하다	蝴蝶 húdié	나비
光秃秃 guāngtūtū	번들번들하다	胡子 húzi	수염
归来 guīlái	돌아오다	互相 hùxiāng	서로
跪 guì	무릎꿇다	花丛 huācóng	꽃밭
果实 guǒshí	열매	花木兰 Huāmùlán	화무란 (인명)
过 guò	건너가다, 지내다	花轿 huājiào	꽃 가마
		滑溜溜 huáliūliū	미끄럽다
		坏 huài	나쁘다, 악하다
H		还 huán	돌려주다
		换上 huànshàng	갈아입다
哈哈大笑 hāhādàxiào	크게 웃다	荒野 huāngyě	황야, 거친 들판
孩子 háizi	아이	皇帝 huángdì	황제
害虫 hàichóng	해충	皇上 huángshàng	폐하
害怕 hàipà	무섭다	挥 huī	휘두르다
含 hán	머금다	回答 huídá	대답하다
杭州 Hángzhōu	항주 (지명)	回家 huíjiā	집으로 돌아가다
好吃 hǎochī	맛있다	回来 huílái	돌아오다
好意 hǎoyì	호의	婚事 hūnshì	혼사
河 hé	강		

活 huó	살다		惊 jīng	놀라다
获得 huòdé	얻다		经不住 jīngbuzhù	견디지 못하다
			经常 jīngcháng	종종
J			经过 jīngguò	~을 지나다
			救 jiù	구하다
鸡冠 jīguān	닭 벼슬		救命之恩 jiùmìngzhī'ēn	
机会 jīhuì	기회			생명을 구해 준 은혜
积极 jījí	적극적이다		拒绝 jùjué	거절하다
极了 jíle	매우, 몹시		巨响 jùxiǎng	큰 소리
急忙 jímáng	황급히		觉得 juéde	느끼다, 여기다
家伙 jiāhuo	녀석		决定 juédìng	결정하다
嫁给 jiàgěi	~에게 시집가다		军帖 jūntiě	소집 영장
件 jiàn	건		军装 jūnzhuāng	군복
	(사건을 세는 단위)			
将军 jiāngjūn	장군		**K**	
教 jiāo	가르치다			
教训 jiàoxun	가르치고 타이르다		开始 kāishǐ	시작하다
角 jiǎo	뿔		看家 kānjiā	집을 지키다
狡猾 jiǎohuá	교활하다, 간사하다		看不起 kànbuqǐ	무시하다
脚下 jiǎoxià	부근, 근처		考 kǎo	시험하다
叫 jiào	~하게 하다		靠 kào	~에 의지하다
	~하도록 시키다		棵 kē	그루 (나무 세는단위)
叫喊 jiàohǎn	고함을 지르다		颗 kē	알 (알맹이 모양을 세는
叫醒 jiàoxǐng	깨우다			단위)
接待 jiēdài	접대하다		可怜 kělián	불쌍하다
接到 jiēdào	받다		可能 kěnéng	아마, 아마도
接着 jiēzhe	연달아, 계속해서		可是 kěshì	그러나
结婚 jiéhūn	결혼하다		可以 kěyǐ	~할 수 있다 (가능)
结束 jiéshù	끝나다			~해도 된다 (허락)
借 jiè	빌리다, 빌려 주다		恳求 kěnqiú	간청하다
今天 jīntiān	오늘		哭 kū	울다
金银财宝 jīnyíncáibǎo	금은보화		苦工 kǔgōng	힘든 일, 노동자
金簪 jīnzān	금비녀		快 kuài	빨리

快~了 kuài~le 곧, 머지않아 ~이다
盔甲 kuījiǎ 투구
困难 kùnnan 어려움

L

拉车 lāchē 마차를 끌다
来来往往 láilaiwǎngwang 오가다
狼 láng 늑대
浪头 làngtou 파도
劳动 láodòng 노동하다
老 lǎo 늙다, 나이가 많다
老百姓 lǎobǎixìng 백성
老虎 lǎohǔ 호랑이
老鼠 lǎoshǔ 쥐
累 lèi 피곤하다
冷 lěng 춥다
离开 líkāi 떠나다
里 lǐ ~안에
理也不理 lǐyěbùlǐ 거들떠보지도 않다
理由 lǐyóu 이유
理直气壮 lǐzhíqìzhuàng

　　　　　　당당하다, 떳떳하다
礼物 lǐwù 선물
立即 lìjí 바로, 즉시
立刻 lìkè 즉시, 곧
力气 lìqi 힘
脸 liǎn 얼굴
练 liàn 훈련하다
梁山伯 Liángshānbó 량산보 (인명)
粮食 liángshi 양식
裂开 lièkāi 갈라지다
临别 línbié 막 헤어지려고 하다

零 líng 영 (0)
流泪 liúlèi 눈물을 흘리다
流血流汗 liúxuèliúhàn

　　　　　　피와 땀을 흘리다
留下 liúxià 남기다
龙 lóng 용
露 lòu 드러나다, 나타나다
萝筐 luókuāng 바구니

M

马上 mǎshàng 곧
猫 māo 고양이
毛 máo 털
毛驴 máolǘ 당나귀
没命 méimìng 죽다
每 měi 모든
每天 měitiān 매일
美中不足 měizhōngbùzú 옥의 티
孟姜女 Mèngjiāngnǚ 멍지앙뉘 (인명)
米饭 mǐfàn 밥
棉衣 miányī 솜옷
面前 miànqián ~앞
民工 míngōng 노동자
明天 míngtiān 내일
名字 míngzi 이름
命令 mìnglìng 명령하다
磨刀 módāo 칼을 갈다
陌生 mòshēng 낯설다
墓地 mùdì 무덤

N

哪天 nǎtiān	언제
哪儿 nǎr	어디
那么 nàme	그렇다면, 그럼
难关 nánguān	난관, 곤란
能 néng	～할 수 있다
年纪 niánjì	나이, 연령
年老体弱 niánlǎotǐruò	
	나이도 많고 몸도 쇠약하다
念书 niànshū	공부하다
牛 niú	소
牛郎 Niúláng	견우
农田 nóngtián	농지
农民 nóngmín	농민
农作物 nóngzuòwù	농작물
弄湿 nòngshī	적시다
女扮男装 nǚbànnánzhuāng	
	남장하다
女衣 nǚyī	여자 옷

P

爬 pá	기어오르다
怕 pà	무섭다
排 pái	배열하다
派 pài	파견하다
抛 pāo	던지다, 버리다
跑 pǎo	도망가다
佩服 pèifú	감탄하다
披 pī	걸치다
皮 pí	가죽
片 piàn	면적이나 범위를

	세는 단위
漂亮 piàoliang	아름답다
贫穷 pínqióng	가난하다
平时 píngshí	평상시
扑 pū	달려들다
葡萄架 pútáojià	포도나무 시렁

Q

欺负 qīfu	괴롭히다
欺骗 qīpiàn	속이다, 괴롭히다
欺压 qīyā	괴롭히다
妻子 qīzi	아내
骑 qí	(말, 자전거) 타다
奇怪 qíguài	이상하다
起床 qǐchuáng	일어나다
气 qì	화내다
气坏 qìhuài	몹시 화가 나다
千万 qiānwàn	천만, 수가 많다
千万不要 qiānwànbúyào	
	절대 ～하지 마라
千辛万苦 qiānxīnwànkǔ	천신만고
前往 qiánwǎng	가다, 향하다
亲自 qīnzì	직접
秦朝 Qíncháo	진나라
秦始皇 Qínshǐhuáng	진시황
勤劳 qínláo	부지런하다
清 qīng	분명하다
轻描淡写 qīngmiáodànxiě	
	얼렁뚱땅 넘어가다
青年 qīngnián	청년
青蛙 qīngwā	개구리
情况 qíngkuàng	상황

请 qǐng	초대하다, 부탁하다
求 qiú	부탁하다
求婚 qiúhūn	청혼하다
娶妻 qǔqī	아내를 얻다
全身 quánshēn	전신, 온 몸
却 què	오히려, 도리어
鹊桥 quèqiáo	까치다리 (오작교)

R

让 ràng	～하게 하다
人间 rénjiān	인간세상
人类 rénlèi	인간, 인류
忍不住 rěnbuzhù	참지 못하다
任何 rènhé	어떠한
任务 rènwù	임무
日夜不停 rìyèbùtíng	밤낮을 쉬지 않다
如果 rúguǒ	만약
若无其事 ruòwúqíshì	

아무 일도 없었던 것처럼 시치미를 떼다

S

三天三夜 sāntiānsānyè	삼일 밤낮
森林 sēnlín	숲
杀 shā	죽이다
杀头 shātóu	목을 베다
傻 shǎ	바보
山谷 shāngǔ	산골짜기
山坡 shānpō	산비탈
山羊 shānyáng	산양
善良 shànliáng	선량하다, 착하다
上不来 shàngbulái	올라오지 못하다

上工 shànggōng	출근하다
谁 shéi	누구
深 shēn	깊다
身边 shēnbiān	몸 주변
什么 shénme	무엇
神农氏 Shénóngshì	

신농씨 (중국 전설상의 제왕)

生 shēng	아이를 낳다
生产量 shēngchǎnliàng	생산량
生活 shēnghuó	생활하다
生命 shēngmìng	생명
生气 shēngqì	화나다
生日 shēngrì	생일
生肖 shēngxiào	띠
声音 shēngyīn	목소리
绳子 shéngzi	끈
盛况空前 shèngkuàngkōngqián	

성대한

胜利 shènglì	승리하다
剩下 shèngxià	남다
失去 shīqù	잃어 버리다
尸体 shītǐ	시체, 시신
十分 shífēn	매우
时候 shíhou	～때
食物 shíwù	음식
使 shǐ	쓰다, 사용하다
使劲 shǐjìn	힘을 주다
始终 shǐzhōng	계속
试 shì	시험하다
事 shì	일
手 shǒu	손
手下 shǒuxià	부하
首先 shǒuxiān	먼저

输 shū	지다	填报 tiánbǎo	배를 채우다
熟视无睹 shúshìwúdǔ	본체만체하다	条 tiáo	줄기 (강의 양사)
数 shǔ	세다	跳 tiào	뛰다
树林 shùlín	숲	听见 tīngjiàn	듣다
竖起 shùqǐ	세우다	停 tíng	멈추다
摔死 shuāisǐ	떨어져 죽다	通知 tōngzhī	통지, 연락
甩 shuǎi	휘두르다	同情 tóngqíng	동정하다,
水利设施 shuǐlìshèshī	수리시설		불쌍히 여기다
睡醒 shuìxǐng	잠에서 깨어나다	同学 tóngxué	같은 학교에서 함께
睡着 shuìzháo	잠들다		공부하다
顺序 shùnxù	순서, 차례	同意 tóngyì	동의, 동의하다
死 sǐ	죽다	痛苦 tòngkǔ	고통스럽다
死对头 sǐduìtóu	원수	偷偷 tōutōu	몰래
死讯 sǐxùn	사망소식	头顶 tóudǐng	머리 꼭대기
松鼠 sōngshǔ	다람쥐	头昏眼花 tóuhūnyǎnhuā	
送 sòng	주다		머리가 어지럽고 눈이 핑핑 돌다
孙女 sūnnǚ	손녀	突然 tūrán	갑자기
		团团转 tuántuánzhuàn	허둥지둥하다
		拖 tuō	끌다
T		脱下 tuōxia	벗다

太阳 tàiyáng	태양
潭 tán	깊은 못
叹气 tànqì	한숨 소리
逃难 táonàn	피난하다
逃跑 táopǎo	도망가다
讨 tǎo	받아내다
提到 tídào	말하다
提出 tíchū	제시하다
提高 tígāo	향상시키다
提供 tígòng	제공하다
天神 tiānshén	하늘의 신
天天 tiāntiān	매일
天庭 tiāntíng	하늘나라

W

完成 wánchéng	완수하다
完全 wánquán	완전히
完善 wánshàn	완전하다
晚 wǎn	늦다
汪洋大海 wāngyángdàhǎi	
	아득히 넓은 바다
王母娘娘 Wángmǔniángniang	
	서왕모 (전설상의 선녀)
往 wǎng	~를 향해, ~로
望 wàng	바라보다

忘 wàng	잊다	
危难 wēinàn	위험과 재난	
尾巴 wěiba	꼬리	
为什么 wèishénme	왜	
问 wèn	묻다	
乌龟 wūguī	거북이	
巫婆 wūpó	무당	
蜈蚣 wúgōng	지네	
无可奈何 wúkěnàihé	어쩔 수 없다	
五彩霓裳 wǔcǎiníshang		
	무지개 빛 치마 (선녀의 날개옷)	
五谷 wǔgǔ	오곡	
武艺 wǔyì	무술, 무예	

X

西边 xībian	서쪽	
西门豹 Xīménbào	시먼빠오 (인명)	
习俗 xísú	풍속습관	
喜 xǐ	기뻐하다	
喜欢 xǐhuan	좋아하다	
喜鹊 xǐquè	까치	
洗澡 xǐzǎo	목욕하다	
下 xià	(비, 눈) 내리다	
吓 xià	놀라다	
吓坏 xiàhuài	매우 놀라다	
吓了一跳 xiàleyítiào	깜짝 놀라다	
鲜花 xiānhuā	꽃	
仙女 xiānnǚ	선녀	
县 xiàn	현 (행정 단위)	
羡慕 xiànmù	부러워하다	
现在 xiànzài	지금	
相称 xiāngchèn	어울리다	

相对 xiāngduì	서로 마주보다	
相会 xiānghuì	만나다	
相信 xiāngxìn	믿다	
香喷喷 xiāngpēnpēn	향기가 그윽하다	
想 xiǎng	~하고 싶다	
想不出来 xiǎngbuchūlái		
	생각이 안 나다	
想念 xiǎngniàn	그리워하다	
像 xiàng	~같은	
消息 xiāoxi	소식	
小鸟 xiǎoniǎo	작은 새	
小心 xiǎoxīn	조심하다	
小猪 xiǎozhū	아기돼지	
新疆 Xīnjiāng		
	신장 (중국의 신장위구르 자치구)	
新娘 xīnniáng	신부	
心理 xīnlǐ	마음 속	
信 xìn	믿다	
星星 xīngxing	별	
兴建 xīngjiàn	건설하다	
幸福 xìngfú	행복하다	
匈奴 Xiōngnú	흉노족	
休息 xiūxi	쉬다	
休养 xiūyǎng	요양하다	
许多 xǔduō	많은	
选 xuǎn	뽑다	
选中 xuǎnzhòng	선택하다, 바로 뽑다	
学 xué	배우다	
巡视 xúnshì	순시하다	

Y

淹死 yānsǐ	물에 빠져 죽다	

眼睛 yǎnjing	눈	英雄 yīngxióng	영웅
眼泪 yǎnlèi	눈물	英勇善战 yīngyǒngshànzhàn	
羊奶 yángnǎi	양 젖		용감하게 잘 싸우다
摇头 yáotóu	고개를 젓다	勇敢 yǒnggǎn	용감하다
咬 yǎo	물다	勇气 yǒngqì	용기
要 yào	~하려고 하다	用 yòng	사용하다
要是 yàoshi	만일	用力 yònglì	힘껏, 힘을 내다
也 yě	~도	游 yóu	헤엄치다
野果 yěguǒ	야생열매	游泳 yóuyǒng	수영, 수영하다
野兽 yěshòu	야수, 들짐승	由来 yóulái	유래
一边~ 一边~ yìbiān~ yìbiān~		又~ 又~ yòu~ yòu~	
	~하면서 ~하다		~이기도 하고 ~이기도 하다
一点儿也 yìdiǎnryě	조금도	与 yǔ	~와
一定 yídìng	반드시	雨季 yǔjì	장마철
一路上 yílùshang	도중에	遇到 yùdào	만나다
一起 yìqǐ	함께	遇见 yùjiàn	만나다
一切 yíqiè	모든	玉皇大帝 YùhuángDàdì	옥황상제
一趟 yítàng	한 번	原来 yuánlái	알고 보니, 원래
一万 yíwàn	일만 (10,000)	原谅 yuánliàng	용서하다
一下子 yíxiàzi	한꺼번에, 일시에	元帅 yuánshuài	원수, 총 사령관
一样 yíyàng	같다, 동일하다	远 yuǎn	멀다
一直 yìzhí	줄곧, 계속	愿意 yuànyì	바라다
衣服 yīfu	옷	越来越 yuèláiyuè~	~할수록 더 ~하다
以后 yǐhòu	~이후에	允许 yǔnxǔ	허락하다
以前 yǐqián	이전에		
已经 yǐjīng	이미		
意思 yìsi	뜻, 의미	**Z**	
因 yīn	~때문에		
因此 yīncǐ	그래서, 이 때문에	再说 zàishuō	게다가, ~한 뒤에
因为~ 所以~ yīnwèi~ suǒyǐ~			하기로 하다
	~때문에 그래서 ~이다	葬 zàng	장사지내다
银河 yínhé	은하수	早晨 zǎochén	아침
赢 yíng	이기다	早点儿 zǎodiǎnr	일찍
		早就 zǎojiù	일찍이, 벌써

早上 zǎoshang	아침	只好 zhǐhǎo	어쩔 수 없이
造 zào	만들다	只要~ 就~ zhǐyào~ jiù~	
怎么 zěnme	어떻게		~하기만 하면
怎么办 zěnmebàn	어떡하지	只有 zhǐyǒu	단지 ~만 있다
怎么啦 zěnmela	어떻게 된 거야	智慧 zhìhuì	지혜
摘 zhāi	따다	终于 zhōngyú	마침내, 결국
粘 zhān	붙다	种田 zhòngtián	농사짓다
战斗 zhàndòu	전투	种植 zhòngzhí	재배하다
战国时代 Zhànguóshídài	전국시대	猪肉 zhūròu	돼지고기
战袍 zhànpáo	갑옷	住 zhù	살다, 그치다
长 zhǎng	생기다	祝贺 zhùhè	축하하다
掌管 zhǎngguǎn	책임지다, 관리하다	祝英台 Zhùyīngtái	쭈잉타이 (인명)
长老 zhǎnglǎo	장로 (나이가 많은	抓 zhuā	잡다, 쥐다
	어른)	专家 zhuānjiā	전문가
招待 zhāodài	접대하다	转身 zhuǎnshēn	몸을 돌리다
找 zhǎo	찾다	赚钱 zhuànqián	돈을 벌다
照 zhào	~에 따라	追 zhuī	쫓아가다
照顾 zhàogù	돌보다	准备 zhǔnbèi	준비하다
召集 zhàojí	소집하다	啄 zhuó	쪼다
召开 zhàokāi	(회의를) 열다	姿态 zītài	자세, 모습
这么 zhème	이렇게	仔细 zǐxì	자세하다
真 zhēn	분명하다, 확실하다	自己 zìjǐ	자기, 자신
真的 zhēnde	정말	走进 zǒujìn	들어가다
睁大 zhēng dà	(눈을) 크게 뜨다	最 zuì	가장
整整 zhěngzhěng	꼬박	最后 zuìhòu	결국
正要 zhèngyào	마침 ~하려고 하다	最近 zuìjìn	최근
正在 zhèngzài	~하고 있는 중이다	昨天 zuótiān	어제
只 zhī	마리 (동물을 세는	左看右看 zuǒkànyòukàn	
	단위)		좌우를 살펴보다
只能 zhǐnéng	~할 수 있을 뿐이다	做 zuò	만들다
织布 zhībù	천을 짜다	作 zuò	하다
织女 Zhīnǚ	직녀	作为 zuòwéi	~로 삼다
知道 zhīdao	알다		

중국어로 술술 읽혀지는 재미있는

중국의
옛날이야기

개정 1쇄 / 2020년 4월 25일

편저자 / 이영미

삽화 / 정영훈

발행인 / 이기선

발행처 / 제이플러스

주소 / 121-824 서울시 마포구 월드컵로 31길 62

영업부 / 02-332-8320   **편집부** / 02-3142-2520

홈페이지 / www.jplus114.com

등록번호 / 제 10-1680호

등록일자 / 1998년 12월 9일

ISBN / 979-11-5601-123-1

Font Attribution ; BY KCC 무럭무럭체

＊ 파본은 구입하신 서점이나 본사에서 바꾸어 드립니다.

＊ 책에 대한 의견, 출판 희망 도서가 있으시면 홈페이지에 글을 남겨 주세요.